KB015674

인생과 최면·잠재의식

인생과 최면 · 잠재의식

초판 1쇄 인쇄일 2018년 8월 22일
초판 1쇄 발행일 2018년 8월 29일

지은이 이한규
펴낸이 양옥매
디자인 임흥순
교 정 조준경

펴낸곳 도서출판 책과나무
출판등록 제2012-000376
주소 서울특별시 마포구 방울내로 79 이노빌딩 302호
대표전화 02.372.1537 **팩스** 02.372.1538
이메일 booknamu2007@naver.com
홈페이지 www.booknamu.com
ISBN 979-11-5776-597-3(03180)

이 도서의 국립중앙도서관 출판시도서목록(CIP)은 서지정보유통지원 시스템
홈페이지(http://seoji.nl.go.kr)와 국가자료공동목록시스템
(http://www.nl.go.kr/kolisnet)에서 이용하실 수 있습니다.
(CIP제어번호 : CIP2018024080)

*저작권법에 의해 보호를 받는 저작물이므로 저자와 출판사의 동의 없이 내용의 일부를 인용하거나 발췌하는 것을 금합니다.

*파손된 책은 구입처에서 교환해 드립니다.

인생과 최면 잠재의식

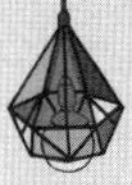

이한규 지음

책과나무

서문

우리가 한평생 사는 동안 의식은 10%만 사용되고 나머지 90%는 무의식 속에 잠겨 있다고 합니다. 그렇다면 우리는 이 잠자고 있는 90%의 무의식을 끌어내어 현존하는 삶을 영위하는 데 적극 활용해야 되지 않겠습니까. 이 책은 삶의 질을 높이고 일상적인 삶을 개선해 보고자 최면심리를 이용하여 마음을 최면상태에 이르게 하여 잠재의식 속에 묻혀 있는 잠재능력을 끌어내는 방법을 담고 있습니다.

현대문명 산업사회가 주는 여러 공해로 인해 우리의 심신은 피로해 있고, 정신질환에 가까운 스트레스로 인해 불안이나 초조의 마수에 걸려들기 쉬운 환경에 놓여 있습니다. 우리는 최면요법을 이용하여 이러한 마음의 복병을 미연에 방지하고 다친 마음을 치료할 수 있습니다. 이 책에서는 최면의 유도 단계를 이용하여 최면상태에 이르면 잠재능력을 활성화해서 현실적으로 어려운 의식세계의 문제를 무의식의 잠재능력으로 풀어 보게 했습니다.

이를 위해 먼저 1부의 1장 '최면의 기초'에서 최면심리의 근원과 그 발전 과정을 살펴보면서 최면의 유도 형태와 그 유도 과정의 여러 단계를 서술했습니다.

이를 통해 호흡운동을 하면서 최면에 이르고 최면상태에 빠진 마음의 이완상태에서 기쁘고 즐거운 삶의 영기(靈氣)를 마시는 암시를 주어 삶에 대한 열정, 활력, 에너지를 진작시켜 주는 방법을 습득하게 합니다.

그리고 2장의 '최면과 명상의 실제'에서는 최면을 이용한 심리치료의 실제를 상술했습니다. 이를 위해 명상에 이르는 길인 최면상태와 TM(Transcendental Meditation)에 대해 언급하였으며, 5장에서는 여러 최면심리학자들의 이론을 소개했습니다.

마지막으로 이 책의 2부 '서가산책'에서는 Joseph Murphy 박사의 『The Power of Your Subconscious Mind』(잠재의식의 힘)를 발췌 · 소개하여 잠재의식에 대한 깊이 있는 통찰과 재미나는 여러 실례를 접할 수 있게 하였습니다.

끝으로, 출판을 위해 수고해 주신 출판사 여러분의 노고에 감사드립니다.

2018년 7월

이 한규

차례

1부

최면 심리의 원리와 응용

•

•

•

최면상태는 명상에 이르는 길이라 볼 수 있습니다. 1부에서는 주로 자기최면심리의 원리와 응용에 대해 기술했습니다. 최면심리의 근원과 그 발전 과정을 살펴본 후, 최면의 유도 형태와 그 유도 과정의 여러 단계를 서술했습니다.

이를 이용하여 최면상태에 이르면 잠재능력을 활성화해서 현실적으로 어려운 의식세계의 문제를 무의식의 잠재능력으로 풀어 볼 수 있으며, 최면상태에 빠진 마음의 이완상태에서 기쁘고 즐거운 삶의 영기(靈氣)를 마시는 암시를 통해 삶에 대한 열정을 불러일으킬 수 있을 것입니다.

1장

최면의 기초

최면에 대한 새 인식

최면심리(hypnosis)란 무엇인가. 한마디로 말해서 마음의 이완상태라고 볼 수 있습니다. 이 마음의 이완상태는 매일매일 우리의 일상생활에서 경험하고 있습니다.

나른한 오후 공원 벤치에 기대앉아 바람에 나부끼는 나뭇잎에 시선을 고정하여 가만히 한동안 바라보고 있다든지, 비 오는 날 땅 위에 떨어지는 빗방울을 무심히 바라보고 있다든지, 멀리 푸른 바다에 떠 있는 요트를 주시하고 있다든지, 흐르는 시냇물의 맑은 물줄기를 아무 생각 없이 계속해서 바라보고 있으면 시야에 들어오는 한 가지 대상에 몰입되니 자신이나 자기 주변에 대한 인식이 없어집니다.

일반적으로 졸린 듯한 멍한 상태로의 이런 최면상태(trance)에 빠져 있게 되면 몸의 이완, 졸림, 팔다리 근육의 풀어짐을 비롯하여 몸에 열기가 오는 것 같은 느낌을 갖게 됩니다. 이렇듯 마치 자기 자신을 잃어버리는 듯한 심리적 망각상태를 누구나 다 한 번쯤은 겪어 보았을 것입니다. 이러한 심리적 망각상태를 '최면상태'라고 부릅니다.

이렇게 우리는 최면상태를 일상생활에서 늘 체험하고 있지요. 이런 최면상태를 심리작용에 응용해 보자는 것이 '최면심리'입니다. 오랜 세월 동안 최면이라고 하면 상대방의 마음을 자기 맘대로 조종하는 위험한 요술 같은 것으로 생각해 왔지만, 최면심리는 과학 그 이상도 그 이하도 아닙니다.

이 책에서는 자기최면에 한해서만 설명하겠습니다. 말 그대로 자기 스스로 최면상태에 빠져서 최면에서 오는 유익한 효과를 거두어 보겠다는 것입니다. 타인최면이라고 하여 타인이 나에게 최면을 건다고 하는 것도, 따지고 보면 최면상태에 이르게 암시를 유도하는 주체는 자기 자신입니다. 자신이 타인의 암시를 받아들여 최면에 이르지 않으면 아무런 의미도 없지 않습니까.

요즘처럼 시대가 격변하고 한탕주의가 난무하는 세태에서 젊은 층 가운데 엉뚱하게 초월주의나 신비주의에 탐닉한 나머지 초인적인 힘을 가지려 하거나 초월적 무술적 체험을 해 보려는 경향은 기피해야 할 현상입니다. 여기에 논급되는 자기최면은 과학적인 근거와 객관적으로 입증된 확실한 연구 분야이며, 지금도 학자들이 연구를 거듭하고 있는 대상입니다.

인간이 살아가는 데 10%의 의식만 사용하고, 나머지 90%는 무의식 속에 잠자고 있다고 합니다. 이 거대한 무의식 속에 여러 가지 잠재능력이 잠겨 있는 것입니다. 심리학자 Erickson은 이 잠재능력은 평생을 두고 개발된다고 했습니다. 우리가 최면심리학을 연구코자 하는 목적은 이 잠재의식을 깨우쳐 잠재능력을 발휘시켜 활용하도록 돕는 데 있습니다.

우리가 보통 일상에서 무의식적으로 행동했다고 얘기하는 경우가 있습니다. 오늘은 일요일이라 쉬는 날인데 산책하다가 무의식적으로 회사에 출근하는 방향으로 길을 걸어가게 되었다든지, 아침에 눈을 뜨면 생각 없이 저절로 화장실로 들어가게 되었다든가, 점심시간이 되면 저절로 식당으로 발걸음을 옮기게 된다는 것 등은 특별히 의식하지 않아도 몸이 저절로 그렇게 움직이는 것입니다.

이에 대해 정신분석학자 Freud는 여러 가지 방어기제를 찾아내어 설명하고 있습니다. 즉, 인간이 생명을 유지하도록 무의식이 작동하여 유기체가 생명을 부지하도록 도와준다는 것입니다.

최면심리의 뿌리

최면치료는 오랫동안 기이하고 신비로운 쇼나 신앙치료사와 연관되어 있다고 알려졌습니다. 그러나 사실 이 최면치료는 전혀 조금도 신비하거나 초자연적인 현상이 아닙니다. 그동안 우리는 수천 번 이상 최면 상태에 빠지곤 했지만 그것이 너무도 자연적인 마음의 상태인 나머지 인지하지 못하고 있었을 뿐입니다.

역사적으로 초기의 최면을 샤먼에서 찾아볼 수 있는데, 미국의 서부 영화 속에서 인디언의 추장이 환자를 눕혀 놓고 지팡이를 흔들면서 주문을 외우는 장면을 흔히 보아 오지 않았습니까. 이 행위(그들로서는 신성한 의식)를 환자가 최면상태에 들어가게끔 하여 치료하는 최면요법의 샤먼적 행위로 볼 수 있습니다.

그 당시 샤먼들은 그 당시에 '마술의사', '치료사', '약제사'의 능력을 발휘하는 것으로 생각되었습니다. 샤먼은 치료의 준비 단계로 자신의 집중력을 하나의 시술에 고착시켰으며, 시술에 앞서 24시간 동안 화학물질이나 알코올의 사용을 피했습니다.

18세기경 프랑스 내과의사인 안톤 메스머(Anton Mesmer)는 자석에서 나오는 자력을 이용하여 환자를 치료했는데, 이를 '메스메리즘(Mesmerism)'이라 일컬었습니다.

1800년대 중엽에 제임스 에스데일(James Esdaile)이라는 영국의 외과의사는 유일한 마취법으로 인도에서 이 메스메리즘을 이용하여 사지절단과 같은 주요 수술을 실행했습니다만, 마취제의 개발로 사라졌습니다. 한동안 이 치료법은 인기를 끌었으나, 이후 프랑스 정부는 이 자력치료에 대해 속임수라는 결론을 내리고 불법으로 처리하여 안톤 메스머의 치료실은 결국 폐쇄되기에 이르렀습니다.

1842년 후반 영국내과의 James Braid는 메스메리즘에 특별한 설명을 부여하여 '신경성 수면'이라고 믿었으며 'hypnosis'라는 말을 만들었습니다. 이는 잠을 의미하는 'hypnos'라는 그리스어에서 따온 것으로, 'hypnosis'는 '최면'을 의미합니다.

곧이어 다른 이론도 나왔는데, 파리의 신경과 전문의인 Jean M Charcot(1825-1893)는 hypnosis를 히스테리(hysteria)의 한 상태로 설명하여 비정상적인 신경활동(neurological activity)으로 분류했습니다. 프랑스의 Anyuste A Beibeault는 최초로 hypnosis를 정상적인 현상으로 간주했는데, 그는 hypnosis의 유도에서 기대감을 가장 중요한 요소로 간주했습니다.

이때부터 hypnosis가 심층적으로 연구되고 합리적으로 설명되기 시작하여 점점 학계의 인정을 받음으로써 더 이상 기이한 대상으로 여겨지지 않았습니다. Freud는 이때 hypnosis에 관심을 갖고 최면유도기술을 연구했는데, 환자들이 최면상태에 들어가는 것을 관찰했을 때 그는 무의식의 존재를 인식하기 시작했습니다.

1885년에 Freud는 Hypnosis 연구에 조예가 있는 신경학자인 샤롯트(charot)와 함께 연구차 파리에 갔으나, hypnosis 연구와 결별하고 자유연상(Free association)의 기술연구에 전념하게 됩니다. 어쨌든 최면심리 분야는 현재도 학자들이 연구 중에 있고 많은 이론과 실험 결과가 20세기 후반부터 출현하기 시작했습니다.

최면심리 분야에는 커다란 두 줄기가 있습니다. 먼저, 금세기 전통적인 접근법의 대가로 1943년 『hypnotism』이란 책을 발간한 콜게이트(Colgate)대학(교수인)의 Gorge Estabrooks 교수를 들 수 있습니다. Estabrooks는 직접적이고 권위적인 접근법을 시도했는데, 필자가 논급하는 자기최면은 주로 이 Estabrooks의 접근법을 인용·설명한 것입니다. Milton Erickson도 최면 분야에 많은 공헌을 했는데, 간접적이고 방임적인 접근법을 시도했으며 70년대를 거쳐 오늘날에도 많이 이용되고 있습니다.

두 학자의 차이점은 Estabrooks의 전통적인 접근법을 사용하는 최면심리에서는 시술자가 피시술자(고객)를 잠의 상태로 유도하는 것이고, Erickson의 간접적인 접근법은 최면심리에서 피시술자(고객)를 깨어 있는 상태에서 시술을 한다는 것입니다.

Elmon 같은 학자는 위의 두 방법을 혼용하였는데 전통적이거나 방임적이거나, 직접적이거나 간접적이거나, 깨어 있는 상태든 잠이 든 상태든지 모두 최면심리에서 혼용할 수 있다고 주장했습니다.

호흡운동과 최면

인간은 기를 마시고 삽니다. 자연 속의 기를 마셔 몸의 생기를 일으켜 활기 있게 살아갑니다. 활기 없고 생기 없는 삶은 식물인간이거늘.

우주 공간에는 조물주가 만들어 준 공기가 있습니다. 이 공기에는 생명을 지탱시켜 주는 생기가 흐르고 있음을, 동양철학이나 동양의학에서는 음양 이원론으로 뒷받침하고 있습니다. 이러한 음기양기의 흐름은 오늘날 과학이 말하는 음이온과 양이온으로 설명될 수 있습니다.

이 지구는 +자기와 −자기로 자장을 이루고 있고, 모든 물체는 양전기와 음전기를 띠고 있습니다. 우리 몸에도 자기가 흐르고 있습니다. 동양의학은 현대의학에서의 신경세포의 전달체계를, 경락과 기혈을 통한 기의 흐름을 원활히 함으로써 몸의 균형을 유지시킨다는 원리로 설명합니다.

호흡운동은 기를 불어넣어 주고 기의 흐름을 원활히 하여 원기를 제공하는 것입니다. 동양인이 애호하는 단전호흡이란 것이 있습니다. 단전(배꼽 아래 5㎝ 부위)을 중심으로 숨을 마시고 뱉을 때 규칙적으로 움직이면서 정기를 몸속에 불어넣는 동작입니다. 숨을 들이 마실 때는 공기 중의 생기를 단전을 중심으로 몸속에 기를 불어넣고 숨을 뱉을 때는 몸속의 노폐물이나 병소들이 뿌리째 사라지도록 한다는 암시를 강화하면서 멀리 숨을 뱉어 냅니다.

이런 단전호흡운동을 하면 온몸이 이완된 최면상태가 됩니다. 물론 최면상태를 목적하지 않고 자주 단전을 중심으로 나쁜 요소는 내뱉고 신선한 공기 속의 좋은 생기를 마시고 뱉기를 리드미컬하게 2~3분 계속하다 보면 몸의 상태가 이완되어 부드럽게 숨을 마시고 뱉는 동작이 이어집니다. 이런 동작은 20분 내지 30분 이어집니다.

이런 단전호흡을 공기가 맑고 신선한 바닷가나 숲속에서 한다면 더

할 나위 없건만, 오늘날 현대인의 바쁜 일상에서도 오피스의 한 모퉁이나 방 안에 한 공간을 만들어 내서 할 수 있습니다. 가능한 이상적인 것은 조용한 공원 벤치나 서늘한 잔디밭에 앉아 명상자세로 이 호흡운동을 하는 것이며, 이를 통해 우주의 대기를 깊이 들이마셨다 뱉으면 공기 중의 에너지가 몸속에 흡수되어 활기가 솟아나게 됩니다.

우리들이 말하는 요가, 호흡운동, 명상, 기운동, 염력(念力)운동, TM 등은 모두 최면의 원리에서 시작하고 있습니다. 따라서 우리는 요가에서 호흡운동을 겸하거나 명상에서 최면심리를 이용하거나 독자가 해내기 쉽고 자신에게 맞는 방식을 자연스럽게 택하여 행하는 것이 좋습니다. 자신이 좋아하는 한 가지 방식만을 써도 좋고 다른 방식을 혼용하여 써도 좋습니다. 예로 호흡운동을 하면서 명상에 빠져도 좋고 최면심리를 유도하면서 명상에 닿는 것도 좋습니다.

분비액과의 관계

최면에 빠진 사람들을 대상으로 뇌활동을 나타내는 EEG검사나 호흡과 심장의 박동과 같은 기타 생리적인 측정을 해 본 결과, 정상적으로 깨어 있는 사람과 똑같은 결과가 나타났습니다. 다시 말하면, 최면에 빠져 있는 사람들의 EEG와 잠의 상태에 빠져 있는 사람들의 EEG는 깨어 있는 사람들의 EEG와 같으며, 그들 간의 생리적 차이도 발견할 수 없다고 합니다.

뇌파연구에 의하면, 최면에 빠져있을 때 뇌에서 방출되는 알파(Alpha)파가 강화되었음을 보여 주는데 이 알파파가 강화될 때 사람들은 즐겁고 편안한 이완의 상태에 들게 된다는 것입니다. 또한 몸에서 분비되는 호르몬에 영향을 받는다고 보지요.

인신공격적인 말은 아무리 성인군자 같은 사람이라도 분노를 일으키게 마련입니다. 몇 해 전, 대학교수끼리 지상 논쟁을 하는 것을 읽어 보았습니다. 문장의 맞춤법이 맞지 않는다고 상대방을 보고 "초등학교에 다시 들어가서 맞춤법부터 좀 배우시오."라고 역정을 돋우었습니다. 이렇게 되면 화가 머리끝까지 치밀어 오릅니다. 즉시 장에서 아드레날린이란 분비액이 쏟아져 나옵니다. 이 분비액이 방출되면 호흡이 가빠지고 눈동자가 커지며 몸에 땀이 나고 얼굴이 벌게져 숨을 거칠게 헐떡거립니다.

이럴 경우 우리는 흔히 깊이 숨을 들이쉬며 맘을 가다듬습니다. 맞습니다. 심호흡을 하면서 복식호흡으로 이전합니다. 기분이 좋을 때는 기분을 좋게 하는 분비액이 신경계통을 통해 방출된다고 합니다. 우리들이 잘 아는 엔도르핀은 기분이 좋을 때 쏟아져 나와 혈액 속에 스며들어 혈액순환과 더불어 온몸에 퍼져 기분 좋은 상태에 빠지게 합니다.

엔도르핀이란 호르몬은 이제 모든 이의 상식이 되어 인기가요에도 노랫말로 불리고 있는 실정입니다. 노래가사 가운데 '미소 속에 엔도르핀이 있고 사랑할 때 엔도르핀이 있다'고 했으니 엔도르핀이 남녀 간의 애정에서 오는 행복감을 만들어 내는 역할도 하고 있는 것으로 보는 것이지요.

요즈음은 학자들이 연구하고 개발하여 엔도르핀 말고도 도파민, 세르토민, 멜라토닌 등등 행복감을 만들어 내는 호르몬이 많이 회자되고 있지요. 우리가 최면상태에 빠져 마음과 몸이 이완되고 편안하고 안락하고 흐뭇한 열락의 기분에 빠져 있을 때 이런 행복 호르몬이 방출되는 것이라고 할 수 있습니다. 그래서 이 공식을 그대로 최면심리에 이용하면 우리의 혈액 속에 도파민이나 엔도르핀이 생겨나게 할 수 있다는 것이지요.

뇌신경에 어떤 자극이 오면 뇌하수체에 DHEH라는 호르몬이 방출되며, 이 호르몬은 다시 신장 위에 팥알만큼의 크기로 붙어 있는 부신에 자극을 주어 아드레날린, 코티손, 알토스테론 등 약 50여 가지에 달하는 각종 호르몬을 방출하게 하지요. 여기 부신 이외에도 갑상선, 자궁, 음낭 등에서 몸에 필요한 호르몬을 방출하여 몸의 유기체로서의 모든 역할에 균형을 주고 신진대사를 원활하게 하여 생명을 유지시켜 주고 있습니다.

어떤 학자가 엔도르핀을 그 구성원소대로 합성하여 만들어 내어서 사람에게 주입하는 실험을 해 보았다고 합니다. 이 실험 결과를 말하기 전에 일본의 다시마 얘기를 좀 하지요. 일본에서는 이 해조류 식품이 많이 개발되어 있는데, 요리에 많이 쓰이는 이 다시마 국물의 구성요소를 인공 합성하여 만들어 낸 것이 유명한 '아지노모도'지요. 지금은 발암물질이라고 악평을 받아 선진국에서는 사용하지 않지만 낙후된 후진국에서는 지금도 식용으로 쓰이고 있습니다.

그런데 이 엔도르핀도 합성하여 만들어 낸 것은 발암증상을 일으킨다는 보고가 의학계에 들어오고 있습니다. 우리가 잘 아는 여성호르몬인 에스트로겐은 유방암 유발이 높고 남성호르몬인 테스토스테론은 전립선 암 등의 유발확률이 높다는 이유로 그 사용이 주춤한 상태이지요.

그런데 이 최면심리라는 자연요법으로 신체 내에 저절로 호르몬이 생성되어 행복감의 심리상태를 유지한다면, 건강상에나 심리상에 매우 좋은 현상이 아니겠습니까. 그래서 우리는 마음을 가라앉히고 반듯이 앉아 방 안 벽의 한 지점이든 공원 벤치 건너의 나무 앞 한 지점이든 정신을 집중하면서 자기최면을 유도해 봅니다.

일단 최면상태, 졸음이 온 듯한 상태, 멍한 상태에 빠지고 있다고 느껴지면서 편안하고 이완되고 가벼워지고 있다고 느껴지면, 이제 기분이 좋아지고 있다는 암시를 줍니다. 기분이 좋아지고 있다. “기분이 아주 좋아지고 있다. 기분이 아주아주 좋아지고 있다.”고 느낍니다. “아! 기분이 좋구나. 아! 너무 기분이 좋구나.” 몇 번을 계속하여 단 30초나 1분간 이런 느낌의 상태를 계속하면서 “자꾸만 기분이 좋다. 기분이 좋아지고 있다. 아! 정말 기분이 좋구나.”

이를 반복하는 동안 엔도르핀이나 세르토민이 분비선을 통해 쏟아져 나와 기분이 좋아집니다. 생리적으로나 심리적으로나 육체적으로 기분이 좋아지며 상쾌해집니다. 행복감에 빠지게 하는 호르몬이 펑펑 쏟아지고 있는 것입니다.

단순히 즐겁기만 하지 않습니다. 즐거워지고 있다는 사실에 확신이 생기면서 자신감이 퍼져 나옵니다. 생에 대한 환희 같은 열락의 고함소리가 몸속에 퍼지는 것 같습니다. 생명의 활력이 뻗쳐 나오면서 우주적인 대상에 도전하고파집니다. 도전하고 싶은 기력이 생기고 담력이 생기고 알 수 없는 패기가 생깁니다. 아, 생명의 환희여! 이 환희에 찬 생명을 주신 신에게 감사하게 됩니다.

스트레스는 만병의 원인

인생은 긴장의 연속이라 할 수 있습니다. 긴장 없는 생명체는 죽음과도 같다고 볼 수 있습니다. 살아 있는 동안에는 긴장하면서 움직이게 되어 있습니다. 그런데 사람이 긴장하다 보면 스트레스를 받습니다. 이 스트레스가 양념처럼 적절히 이용되고 생겼다가 사라졌다 하면 좋으련만, 이 스트레스가 오래 지속되면 몸에 고장을 일으킵니다. 그래서 스트레스는 만병의 원인이라 하지 않습니까.

우리는 주변 환경과 인간관계에서 많은 스트레스를 받습니다. 날씨가 춥다거나 덥다거나 바람이 심하게 불거나 폭풍우나 홍수 등에도 스트레스를 받습니다. 이런 자연조건 이외에도 사회환경, 말하자면 윙윙거리는 앰뷸런스 소리나 지하철이나 버스 등이 달리는 소음에도 짜증이

납니다. 아침 출근 때 아파트를 지나는데 수위가 "좋은 아침 되세요." 하고 부드러운 첫인사를 나누지 않고 멍한 시선으로 한눈을 팔면 짜증이 납니다. 이런 짜증들이 다 스트레스의 단초가 됩니다.

인간생활에서 불만이란 없을 수 없지요. 불만이 없는 인간사회란 상상할 수 없습니다. 불만이 있기에 만족감을 얻기 위해 인간은 움직입니다. 예를 하나 들어 볼까요?

"월급이 적어서 불만이다. 그래서 승진을 해서 높은 급료를 달라고 애를 쓴다. 대리도 되고 과장도 되고 싶어 한다. 그런데 이게(-) 다 맘대로 되지 않는다. 조직 속에서 경쟁이 심하다 보니 모략중상이 판을 친다.

믿었던 동기생이 먼저 승진을 하려 윗사람들을 찾아다니면서 다른 동료들을 악평해 대는 것을 알고는 실망도 한다. 그런데 이상하게도 윗사람은 남을 중상하면서 살살거리는 아첨꾼에게 귀를 기울이고 심지어 그런 속물들을 좋아하기까지 하는 것 같다.

이러니 기분 같아서는 이런 직장생활을 당장 때려치우고 싶다. 직장을 걷어치우면 그 지긋지긋한 실업자 생활이 눈앞에 기다리고 있다. 그러나 양심이 허락하지 않으니 그들처럼 같은 속물근성을 발휘할 수도 없고 목구멍이 포도청이라 직장 생활을 그만 접을 수도 없다…."

이렇게 되니 심리적인 갈등이 생기고 이걸 꾹 참고 살려니 스트레스가 쌓입니다. 이런 갈등과 마음의 상처에서 느끼는 고통이 자꾸 무의식중에 차곡차곡 쌓여 갑니다.

국가고시 등 직장이나 입시시험 등 시험 준비를 하고 있는 수험생들도 불안 덩어리 그 자체입니다. "꼭 붙어야지. 떨어지지 말아야지." 강박감에 얽매일수록 불안은 더 커지지요. 이 불안에 허덕일 때 수험생들의 학습능력은 현저히 떨어집니다. 이 불안을 이기고 해소하기 위해 더욱 시험 준비에 열중하고자 합니다. 그래서 학습능력을 향상시키는 훈련이 필요해집니다.

연예인들의 인기는 어떻게 보면 하루살이입니다. 그들에게 인기가 없어지면, 그들은 곧 무대에서 밀려납니다. 연예인이 무대를 벗어난다는 것은 물고기가 물을 떠나서는 살 수 없듯이 그들의 생명에 종언을 고하는 것이나 다름없습니다.

미국의 한 방송프로에서 밤 12시 전후로 방송되는 토크쇼가 있는데, 미국인들의 바쁜 생활패턴 때문인지 무척 인기 있는 밤중 프로입니다. 미국 방송가에서 내로라하는 NBC방송의 토크쇼 프로그램 담담 방송인이 언젠가 바뀐 것을 보았습니다. 그렇게 인기 있는 토크쇼의 진행자도 방송 출연을 안 하니까 그것으로 끝이었습니다.

토크쇼 호스트로 출연할 때엔 관중석에서 환호하는 함성이 요란하고 박수갈채 치는 관중들의 손을 일일이 잡기에 바쁘고 관중 속을 겨우 뚫고 나와 무대에서면 또 큰 기립박수가 쏟아지고, 호스트가 이젠 박수를 그만 치라고 양손으로 손짓을 해야 겨우 함성과 박수소리가 진정되고 그런 후에야 호스트는 게스트와 대담하기 전 맛보기 토크쇼를 시작합니다.

그런데 함성과 박수갈채가 이어지던 이 호스트도 방송국의 인사 조치로 하루아침에 무대에서 밀려나니, 그의 이름도 얼굴도 서서히 잊히고 세월 따라 영영 잊게 될 것입니다. 그는 마지막 방송프로를 마치고 무대를 떠나면서 20여 년 몸담고 온 이 방송프로그램을 본인은 계속 진행하고 싶지만 회사 측이 그만두라고 하니 그만둘 수밖에 없다는 안타까운 말을 하면서 울먹이며 물러났습니다.

매일 밤 보내는 함성과 갈채는 어디로 갔을까. 그의 인기가 하락하여 타 방송국과의 청취율 경쟁에서 밀리다 보니 방송국의 한마디 조치로 그는 인기 프로의 무대에서 사라지고 만 것입니다. 청취자로서도 머쓱한 기분이 들었습니다.

현실이 이러다 보니 연예인들의 하루하루가 인기의 저울대 위에 서 있다 해도 과언이 아니지요. 인기가 떨어지면 여지없이 추락합니다. 이렇게 인기의 저울대 위에서 추락하지 않으려고 긴장하다 보니 스트레스는 자꾸만 쌓입니다. 그래서 스포츠맨이나 인기인들이 이를 해소하려고 마약이나 도박에 손을 대니 안타까운 일입니다.

일반적으로 스트레스를 받아 심신이 지쳤을 때 다음과 같은 해소 방식을 취하는데, 그런 것들에 한계를 느끼는 경우가 많습니다. 혹자는 취미생활로 독서, 영화, 여행이나 스포츠를 권합니다. 아니면 퇴근길의 술 한 잔도 스트레스 해소에 효과를 준다지만, 이런 것들은 일시적이지요. 의기투합된 신입사원끼리 모여 뒷골목 주점에서 윗사람을 안주 삼아 사자후를 토하지만, 다음 날 아침 험담한 것이 행여 들키지는 않았나 눈치 살피다 보면 스트레스는 그 골이 깊어지지, 전혀 사라질 기미는 없는 것입니다.

독서도 역사물이나 스릴러 같은 재미를 본위로 한 것이나 자기 취향에 맞는 교양서적 같은 책을 읽어야지, 난해하게 쓰인 책을 읽으려고 씨름하다 보면 스트레스만 더 쌓일 뿐입니다. 여행도 그렇지요. 맘에 맞는 사람끼리 여행을 해야 즐겁지, 맞다 틀리다 티격태격하면서 돌아다니는 것은 더한 고역이고 스트레스 원입니다.

일이 취미라는 사람이 있습니다. 그러나 일은 일이고 취미는 취미지요. 일에는 수익성이나 유익성에 연관된 창조적·창작적·생산적 일의 여러 계층이 있을 것입니다. 공장에서 제품을 만들거나 화실에서 그림을 그리거나 연구실에서 화학물질을 실험하거나 식당에서 주방 일을 하거나, 그 일을 한참 하다 보면 육체적인 피곤과 정신적인 피로가 밀려옵니다. 이런 피로감이 쌓이다 보면 스트레스가 눈덩이처럼 불어나 있게 마련입니다.

스트레스에 관해 연구 조사한 홈스(Holms)와 라해(Rahe)라는 학자는 사람들이 겪을 수 있는 여러 가지 스트레스 원(源)에 대해 스트레스지수를 만들어 붙였습니다. 일생생활에서 가장 높은 지수를 나타낸 것은 배우자의 죽음이 100, 이혼이 73, 가족의 죽음이 63, 질병이 53, 결혼이 50, 직장해고가 47, 은퇴가 45 등으로 스트레스지수가 높았습니다.

우리의 사회생활에서 이혼이나 직장해고, 은퇴는 큰 스트레스 원이므로 심각하게 고려되어야 할 대상인 것입니다. 직장에서 돌아와 소파에 앉아 쉬려는 남편에게 부인이 이혼장을 들이밀면 그 남편은 오만상이 되면서 난감해집니다. 회사에서 충실히 일하며 열심히 다니던 사람이 갑작스레 상사로부터 해고통보를 받았다면 눈앞이 캄캄해집니다.

문제는 그때에 생긴 스트레스가 이후 사라지기는커녕 여러 난관을 만나면서 더욱 쌓여서 고착되어 질병으로 이어진다는 것입니다. 학자들의 연구에 의하면 고혈압, 당뇨, 심장병의 발병확률이 높게 나타난다고 합니다. 그래서 이렇게 생기는 스트레스를 최면요법이나 명상요법으로 사라지게 해 보자는 것입니다.

2장

최면과 명상의 실제

화가 나면 복식호흡으로

화가 나서 큰 소리로 비방의 고함소리를 지르게 되면 교감신경이 긴장되어 쏟아져 나온 아드레날린이 잘 소멸되지 않습니다. 그럴 때엔 공원 벤치에 편히 앉거나 집 안이라면 걸상이나 소파에 편안한 자세로 반듯이 앉아 약간의 복식호흡을 한 다음 명상으로 이어 갑니다.

그냥 복식호흡만 하는 게 아니라 시원한 대기의 정기가 몸속으로 들어오면 몸이 가벼워져 천천히 가라앉는다고 느끼면서 약 5분간 이 복식호흡을 계속합니다. 조용히 눈을 감고 숨을 깊이 마시고 내뱉는 동작을 합니다. 숨을 마실 때엔 대기를 타고 자연의 기가 흘러 들어온다고 인지합니다. 자꾸자꾸 자연의 기가, 편안하고 안락한 기가 흘러 들어온다고 믿습니다.

우리는 '기'라고 하는 어미를 가진 많은 낱말을 가지고 있습니다. 열기(熱氣), 정기(精氣), 용기, 오기, 패기, 양기, 기혈 등등 헤아릴 수 없이 많은데, 그 기가 가지는 의미의 바탕은 기분이나 기혈같이 힘을 나타내고 있습니다. "아이들의 기를 죽이지 마라.", "의기소침하지 말고 분발하라.", "기 싸움에 지지 마라.", "기를 펴고 살아 보자." 이렇게 기란 말은 일상생활에서 많이 쓰이고 있습니다. 동양의학이나 철학에서는 음양오행설을 주장하여 양기나 음기의 부조화가 몸의 질병이나 천재지변을 일으킨다고 보고 있습니다.

우리는 화가 났을 때 복식호흡으로 일단 화를 가라앉히고 명상으로 기를 온몸에 퍼뜨려 몸에 활력을 줘야 합니다. 명상으로 기가 회복되어 몸의 컨디션이 제자리로 돌아오면 뇌의 활동도 정상으로 돌아가 감정으로만 대립했던 화가 살며시 사라지고 이성이 정상으로 움직여 합리적으로 사리를 판단하고 사항의 그릇됨을 찾아낼 수 있게 되지요. 그래서 타협할 일은 타협하고 양보할 일을 양보하고 다시 토의할 일은 토의해 보도록 하고 정상적인 길을 모색하게 됩니다.

스트레스를 감소시키는 유도

당신의 감정을 관찰하면서 당신이 보관하려는 것이 어떤 것인지, 또 버리려고 하는 것이 어떤 것인지 결정하려 합니다. 이제 당신은 보관할 필요가 있는 것은 보관하고 다른 것들은 버리기로 합니다. 이렇게 억제하고 있는 묵직한 것을 버렸다고 생각하니, 당신 마음이 자유스러움을 느낍니다. 당신은 당신 스스로 어떤 감정을 받아들이거나 버릴 수 있기 때문에 자유로움을 느낍니다. 그 감정들은 당신의 것이라서 당신이 그 감정들을 좌우할 수 있습니다.

이제 맘과 몸을 이완합니다. 계속 이완합니다. 당신의 감정과 더불어 이완됨을 느낍니다. 그리고 당신을 완전하고 건강하게 하고, 여러 감정을 갖고서 어떻게 완전한 사람으로 행동할 수 있는가를 생각합니다. 만약 당신이 원하지 않는 외부 압력이 당신에게 닥친다면, 당신은 그 압력으로부터 당신을 보호하는 방패로 둘러싸인다고 생각합니다. 방패로 그런 압력으로부터 당신을 보호합니다.

그 방패는 당신을 침범하는 외부 압력을 막아 줍니다. 그 압력은 부서져서 당신에게서 떠나갑니다. 부서져서 떠나갑니다. 그 압력이 어디서 오든, 누가 보내든, 그 압력은 부서지고 떠나갑니다. 부서지고 떠나갑니다. 그 방패가 온종일 당신을 스트레스와 압력으로부터 보호하고 지키기 때문에 당신은 기분이 아주 좋은 상태에 있습니다.

당신은 스트레스 덩어리가 부서져 떨어져 나가는 것을 봅니다. 스트레스 덩어리가 밖으로 떨어져 나가면 나갈수록 당신은 맘속으로 더 조용함을 느낍니다. 맘속으로 더 조용해집니다. 당신은 조용한 사람이 되고 스트레스로부터 보호받습니다. 당신은 좋은 감정을 느끼는 방향으로 행동합니다. 당신은 주어진 상황에 대해 이로운 반응을 갖습니다.

이 새로운 반응은 당신을 강하게 느끼게 하고 조용하고 자유스럽게 합니다. 당신의 일과는 스트레스 덩어리를 부숴 버렸다는 성취감으로 가득 차고 그 성취감에 만족하게 됩니다. 당신의 일과가 더욱더 즐겁고 조용하고 든든하며 스트레스로부터 자유스럽게 하는 새로운 반응을 가졌기 때문에 당신은 당신 자신에 대해 더욱 기분이 좋게 느껴집니다. 당신은 스트레스에서 완전히 자유로워집니다. 스트레스에서 자유스럽습니다.

최면을 이용한 케이스들

복잡다단한 현대생활에서 생겨나는 스트레스가 쌓여 노이로제나 이상심리로 고통받았던 피시술자를 다음에 소개하겠는데, 필자가 인도의 요가 센터와 뉴델리 명상연구소에서 전수받은 방식과 Estabrooks의 직접 자기 최면방식을 이용하도록 한 바 있습니다.

고통에 자책하는 사람

옛 선인(先人)들은 인생을 가리켜 고해(苦海)라고 했습니다. 어떤 입심 좋은 만담가는 아기가 태어날 때 으앙 하고 지르는 소리는 고고(呱呱)의 성(聲)이 아니라 고생문이 열렸구나 하는 고고(苦苦)의 성(聲)을 지르는 것이라며 사람들을 웃겼습니다. 고생은 인생이 겪는 숙명이지, 나

혼자만이 당하는 고생이나 고통이 아닙니다.

젊어서 고생은 사서도 한다고 했습니다. 세상에서 출세한 입지전적 인물의 성장기를 보면 고난(苦難)의 누더기를 기워 놓은 듯한 인생행로입니다. 그런데 인생살이에서 고생살이를 빼고 난다면 그 삶이 온전한 삶이 되는 것일까요? 누군가 일컫기를, 이 세상이 행복만으로 이루어져 있다면 그건 바로 지옥과 같다고 했습니다.

우리 옛말에 '고진감래(苦盡甘來)'라는 훌륭한 말이 있습니다. 고생 끝에 낙이 온다는 말이지요. 고생을 사서도 한다는데 주어진 고생을 받아들이며 앞으로 도전해 나가는 게 어떨까요. 고생을 피할 필요가 없습니다. 그대로 받아들이며 인생의 진수를 느끼고 깨달으며 승화해 가는 것이지요. 실망하고 자책하는 대상이 아니라 자기 삶을 엮어 나갈 소재로 삼는 것입니다.

물론 남들은 역경지수가 낮은 삶을 사는데 자신에게는 역경시수가 높은 고통이 따르고 있나 하고 자책감에 빠지기도 합니다. 이 지수가 높으면 그만큼 많은 양의 역경을 이기는 호르몬이 분비되어 몸을 지탱해 줍니다. 이건 바로 몸이 가지는 자연치유력이며 에너지이지요. 그래서 우리 인간은 무지무지하게 깊은 고통의 늪에서도 살아남게 됩니다. 일단 그런 늪에서 빠져나온 다음 최면심리를 이용하면 마음의 안정을 찾고 평상심을 찾아 새롭게 시야를 정리해 나갈 수 있습니다.

B씨는 퇴출당한 지 3년차에 들어섰습니다. 가까운 친구의 권유로 퇴직금을 갖고 사업을 했다가 몽땅 사기를 당해 잃어버린 후 다시 직장

을 찾아 나섰으나 중년에 가까운 그를 받아 주는 곳이란 없었고, 가까스로 마련한 직장이란 것이 전집류의 외판원이었습니다. 그는 밤낮없이 뛰었으며 가까운 인척이나 지인들에게 억지로 떠맡기다시피 했지만 그것도 한계에 이르렀습니다. 새로운 고객을 만들어 내기란 주변이 약한 그로서는 무척 힘들었습니다.

두어 달 하다가 이 외판원 직업도 팽개치고 나니, 집에 있는 시간만 늘어났습니다. 중고생이 된 자식들은 백수건달이 된 아비가 시답지 않는지 집에 들어와서는 인사도 하는 둥 마는 둥 제 방으로 들어가 버리고, 부엌에서 나는 아내의 설거지 소리가 유난히 시끄럽게만 들렸습니다.

그러니 집 안에 틀어박혀 있는 시간이 몹시 고통스러웠습니다. 정말 숨쉬기도 힘든 고통의 연속이었습니다. 매일 이런 고통 속에 사는 자신을 자책하게 되기 시작했습니다. 그 자책의 수렁에서 전혀 헤어 나올 수 없는 시간의 연속이었습니다. 그러나 어느 친구의 권유로 시작한 최면심리가 이런 자책에서 벗어나게 된 계기가 되었습니다.

B씨는 방에 한 공간을 만들었습니다. 책상과 미닫이 벽에는 옷을 걸기 위해 박아 놓은 못이 보였습니다. 그는 그 못에 시선을 집중하여 바라보았습니다. 온 정신을 그 못만 바라보고 있으니 주변이 조용해지고 졸음이 오는 듯한 기분이 들었습니다. 그는 조용히 눈을 감았습니다. 그리고 조용히 복식호흡을 하기 시작했습니다. 온 우주의 정기를 마신다고 생각하면서 숨을 마시며 나쁜 몸의 찌꺼기를 내뱉는다고 생각하면서 숨을 멀리 뱉었습니다.

이 동작을 2~3분 되풀이하였습니다. 온몸의 중심이 단전에 모여 있다고 생각하면서 약간 길게 숨을 마시고 뱉는 동작을 계속했습니다. 몸은 솜털같이 가벼워 둥실둥실 떠다닌다고 생각하면서 자연의 정기를 들이마시고 또 나쁜 때를 씻어 내고 정기를 들이마시고 또 나쁜 때를 씻어 낸다고 생각하면서 호흡을 하자, 단전 아래로 어떤 열기가 흘러 들어오는 느낌이 들며 그 열기가 온몸으로 퍼지는 것 같이 느껴지면서 환희와 기쁨이 역동하는 것 같았습니다.

"아!" 환희의 소리를 질러 보고 싶었습니다. 생명의 환희와 더불어 기쁨의 에너지가 온몸을 진동시키고 있음을 느꼈습니다. 계속 이 호흡운동을 하면서 기쁨의 에너지가 단전 아래로 흘러 들어옴이 느껴졌습니다.

그 후 1개월 후인가, 정수기판매원으로 옮긴 뒤 기존 동료들을 제치고 배달 우수 판매원의 기록을 세우면서 지금 활기 있게 활동 중입니다.

이성에 대한 두려움

다음은 한 남성 독자가 최면과 명상을 통해 치유한 체험입니다. 그는 군장교 생활도 원만히 마치고 모 중견기업에 간부사원으로 일하게 되었습니다. 그는 언제부터인가 이성 앞에 서면 얼굴이 붉어지고 이마나 손에 땀이 나고 몹시 긴장되었습니다. 그래서 될 수 있으면 이성을 피하고 동성끼리 모이는 곳에만 찾아다녔습니다.

그런데 세상살이에 남성들만 모여 살 수는 없는 것이지요. 은행에 가는 일은 큰 고역이었습니다. 여직원이 가벼운 미소를 지으며 맞이하지만 그는 얼굴이 화끈거리면서 괜스레 긴장이 되어 그냥 밖으로 뛰쳐나온 적이 한두 번이 아니었습니다. 버스 안에서는 여성과는 같이 앉으면 얼굴이 붉어지는 것 같고 남이 자기를 쳐다볼까 두려워 얼른 일어나 서기 일쑤였습니다. 어떤 때는 빈자리가 있어도 여성 옆에 앉기가 어려워 그냥 서서 가기도 했습니다.

퇴근 후 집에 돌아올 때쯤 아파트 입구에 동네 아주머니들이 옹기종기 모여 앉아 이야기꽃을 피우고 있으면 그곳을 지나갈 수가 없어서 아파트를 한참 돌아 다른 입구로 들어가기도 했습니다. 사무실에서 여직원이 서류를 들고 오면 얼굴이 화끈거리고 긴장되는 것을 숨기려고, 아니 막으려고 괜히 인상을 쓰고 목소리도 퉁명스럽게 하면서 얼른 쫓아 보내다시피 했습니다.

군대에서 초급장교로서 전방 수색소대를 지휘하며 앞장서 구보하던 호연지기는 어디로 갔을까요. "담력을 내자!"그렇게 맘먹고 얼굴이 붉어지지 않으려고 애를 써 봤습니다. 몸을 긴장하여 얼굴이 안 붉어지려고 애를 쓰면 쓸수록 얼굴은 더 화끈거리는 것입니다. 그러나 그때의 모습을 주변에서는 별로 개의치 않는 것이 다행이라면 다행입니다. 이후 그는 필자의 건의로 최면심리와 명상을 이용하여 그런 심리상태에서 벗어날 수 있었습니다. 그에게 특히 이런 방식을 권했습니다.

눈을 감고 조용히 가만히 숨을 쉽니다. 숨 쉴 때마다 공기 속의 자연의 기가 몸속으로 들어온다고 생각합니다. 몸이 점점 가벼워지면서 몸이 이완되어 갑니다. 몸이 새털처럼 가벼워지면서 구름 속을 두둥실 떠내려가는 기분이 됩니다.

"몸이 자꾸자꾸 이완되어 가는구나. 아, 몸이 자꾸 가벼워지는구나. 아 너무 편하고 안락하다. 아, 편안해. 아, 몸은 자꾸 가벼워져서 안락함의 심연으로 빠져들어 가고 있구나. 편안하고 안락하구나. 몸은 자꾸자꾸 이완되어 솜털같이 가벼워지고 있구나. 아주 아주 가벼워 둥실둥실 떠돌아가고 있구나. 아! 기분이 좋아진다. 아! 기분이 좋아진다. 기분이 좋아진다. 기분이 좋아진다. 이제 입술을 약간 벌린다, 약간 벌려진 입으로 기쁜 기분이 서서히 몸속으로 들어오고 있다. 아! 기분이 좋구나. 아! 기분이 아주 좋다."

이 기분이 좋은 상태를 느끼면서 "기분이 좋다"는 말을 계속합니다. 확실히 기분이 좋고 즐겁고 상쾌합니다. "기분이 좋고 즐겁고 상쾌하구나." 생의 의욕이 샘솟고 삶의 환희를 느낍니다. 매일매일 이 기분에 빠지기를 되풀이하면 생의 의욕은 철철 넘치게 돼 이성에 대한 두려움을 잊게 되고 그들이 기쁨의 대상이 되고 행복의 대상이 되어 다가오고 있었습니다.

거짓말에 약한 사람

"거짓말은 나쁘니 절대 하지 마라." 어릴 때부터 부모님으로부터 들어 온 말입니다. 학교에 가면 선생님으로부터, 교회에 가면 주일학교

선생님으로부터 들어 왔습니다. 그런데 심리학자들이 조사·연구한 바에 의하면, 사람들은 평소 살아가는 데 하루에 10번 이상 거짓말을 한다는 통계가 있습니다.

그렇다면 하루 8시간 근무하는 시간에 얼마나 거짓말을 하면서 살고 있는지를 생각하면 아찔해집니다. 사실 우리는 일상생활에서 많은 거짓말 속에 살면서도 그 사실을 감지하지 못한 채 살아가고 있지요.

아침 출근하는 남편에게, 부인이 새로 사 온 유명 디자이너 옷을 입어 보이면서 "여보, 이것 이쁘지?"하고 폼을 잡지만 남편에게는 그 뚱뚱한 몸매에 타이트하게 붙어 있는 옷매무새가 영 맘에 들지 않지만 "응, 그래 좋군."하고 거짓말을 합니다.

지난밤 대포집에서 도마 위에 올려놓고 회사 동료들과 함께 난도질을 한 과장에게 아침에 출근하면 존경한다는 거짓 표정을 지으면서 인사합니다.

점심시간에 퇴출당한 동창생이 전화를 걸어왔습니다. 대신 전화 받은 여직원에게 "밖에 나가 없다고 그래."라고 말합니다.

몸이 찌뿌듯하고 컨디션이 영 안 좋아 사우나에 가면서 "나 대리점에 업무 독려차 좀 나갔다 오겠어."하고 옆자리 동료에게 말합니다.

모략중상과 생존경쟁 속에서 일하는 동안 내뱉는 거짓말은 얼마나 될까요. 그 심리학자의 통계에 머리가 끄덕여집니다. 그런데 이 세상에는 예사로 거짓말을 밥 먹듯 하여 '왕대포'니 '왕구라'니 하는 별명을 훈장처럼 달고 버젓이 활보하는 사람이 있는가 하면, 남달리 양심의 주머

니가 커서 그런지 거짓말이라곤 전혀 못하고 한 번 한 거짓말에 안절부절못하여 크게 오금을 못 펴는 케이스가 있습니다. G군의 경우입니다.

G군은 정직하고 성실한 모범생입니다. 누가 봐도 건실하게 학교에 출석하여 선생님 말씀에 고분고분하고 수업 시간에는 열심히 공부에 열중하며 몸가짐도 단정하고 친구들과도 잘 어울리곤 합니다. 언젠가 옆자리 친구가 그에게 전 시간에 배운 수학 문제를 보이며 풀 수 있느냐고 물었습니다. G군이 얼른 보니 자기가 풀 수 있는 쉬운 문제였습니다. 그런데 그는 자신도 모르게 "그 문제 난 풀 수 없을 것 같은데…." 라고 거짓말을 해버렸습니다.

왜 그런 거짓말이 나왔는지 확실히는 모르지만, 그 문제를 그 친구가 풀 수 있게 되어 자기보다 점수가 나아지지 않을까 하는 경쟁심에서 그런 거짓말을 했을 것입니다. 그런데 그런 거짓말을 한 후 자신이 못나고 후회스러운 거짓말쟁이가 되어 버린 기분이 들었습니다. 자신이 거짓말쟁이가 되었다고 생각하니 왠지 불안해졌습니다.

"나는 세상이 금하는, 세상이 싫어하는 거짓말쟁이가 되어 버렸고 나는 거짓말을 하고 사는, 거짓말을 해야만 살아갈 수 있는 버러지보다 못한 인생으로 변했구나. 아, 이런 비참한 인생이 있다니." G군은 쓰레기 같은 인생이 되고 말았다고 단정 지으며 자신을 자학하기 시작했습니다. 이런 자학은 신경을 자꾸 예민하게 만들어 신경과민 현상을 일으켜 누가 자기를 불러도 자기가 한 거짓말이 들키지 않았나 전화 벨소리만 나도 자기 거짓말을 호통 치는 소리가 아닌가 하고 신경이 곤두서곤

했습니다.

필자는 그의 무의식 속에 저장시켜 놓을 여러 정보들을 열거해 주었는데, 이런 것들을 입력한 다음 최면심리나 명상심리를 활용하게 했습니다. "하늘을 우러러 한 점 부끄럼 없이…."라고 읊었던, 우리의 국민시인 윤동주는 일제 고문의 매질에도 굽히지 않고 동지의 생명을 구하기 위해 끝없이 거짓말을 해야 했을 것입니다. 일제하에 체포된 독립투사들은 동지들을 구하기 위해 동지들을 모른다고 잡아떼다가 더 심한 고문의 매질이 이어졌지만 그들의 거짓말은 민족의 정기를 되찾는 정의로운 참말이라고 일컫지 않습니까.

전쟁 때 붙잡힌 포로나 간첩들의 거짓은 민족을 구하는 참이며 정의이기도 하지요. 국제사회에서 각국 정부는 국익을 위해 여러 가지 대외 발표를 거짓으로 합니다. 그런 거짓은 생명을 위협하는 위험도 있지만 냉엄한 현실입니다. 가령 근년에 우리나라도 수산물의 수출 감소를 막기 위해 어패류에서 생긴 비브리오균의 발생 발표를 늦춘 적이 있습니다.

국내 정책에서도 정책 입안자들이 제도의 개선이나 개혁을 국민을 속인 것이 부지기수지요. 과거 화폐개혁에서나 금리정책, 부동산정책, 노동정책에서 많이 보아 왔는데 국민의 복지 증진을 위한 비전을 뚜렷이 가지고 시행했다기보다 당리당략이나 정부 기관의 정책의 전시성이나 시행착오로 맞지 않아 결국에 거짓으로 결말나고 만 경우가 허다했지요.

G군으로서는 거짓이란 사회적 호용 가치를 노려 참인 것으로 사용되고 있다는 현실을 인지한 다음, 최면심리와 명상심리를 통해 마음의 평

정을 찾아가고 있습니다. 양심적인 사람이라서 법 없이도 사는 사람이라고 하는 사람들이 거짓말에 취약합니다. G군같이 거짓말에 취약한 사람이 쉬이 강박관념에 빠졌지만, 끊임없는 명상요법으로 마음의 평정을 찾아가고 있습니다.

불안하고 초조해도 괜찮다

20세기는 불안과 초조의 시대라는 말이 한때 유행하였습니다. 카뮤나 샤르트르의 실존주의 문학이 판을 칠 때 대학 강단에서는 불안과 초조의 의미를 철학적으로 논증하려는 열기로 가득 차기도 했습니다. 고도의 기계문명의 발달과 광대한 조직의 테두리에 옥죄여 사람들이 존재의 상실로 인한 불안감과 초조감이 싹트게 되었다고 보기도 하고, 인간에게는 태생적으로 죽음이라는 공포의 대상을 DNA에 새겨져 있어 생리적으로 온다고 보는 견해도 있습니다. 아무튼 인간은 불안하고 초소한 존재라고 보는 것이 맞습니다. 아무런 대상이나 문제가 없는데도 괜히 불안합니다. 사는 게 불안하고 죽는 것도 불안합니다.

C씨는 우리가 보통 말하는 성공한 케이스의 사람입니다. 부유한 중산층 가정에서 부모의 따듯한 정을 듬뿍 받으며 자랐고, 이후 일류 대학을 나와 굴지의 재벌회사에서 젊은 나이에 부장으로 승진됐고, 자식들도 잘 자라서 삼남매가 일류대학과 고등학교에 다니고 있고, 남들은 잉꼬부부라고 일컬을 만큼 다복한 가정을 꾸려 나가고 있습니다.

그런 그가 어느 날 감자기 밤중에 일어났는데, 무엇인지 모를 대상이

엄습해 와 불을 켜고 홀로 책상머리에 앉아 맘을 가다듬었습니다. 그런데 그 대상이 무엇인지 모르지만 아무 이유 없이 맘이 초조해지는 것이었습니다. 부서별 직원회의를 하면서도 왠지 맘이 답답하고 아랫도리가 떨리는 것 같고 멍해지면서 정신 집중이 안 되었습니다. 모두들 자신들의 복안과 의견을 자신 있게 발표하는 게 부럽기도 했습니다.

자기만 이렇게 무언지 모르게 불안에 떨면서 무인고도에 던져진 낙오자가 되어 가는 느낌이 들었습니다. "왜 이럴까? 내가 낙오자가 된다니…." 그가 이런 생각을 하자 더욱 불안해져서 아무런 대상 없는 앞의 불안에 이런 불안의 생각이 불어져서 더욱 불안감이 상승되는 것이었습니다. 이런 불안과 초조에 허덕이는 C씨를 구한 것은 다음과 같은 최면동작입니다.

자세를 편안히 하고 눈을 감습니다. 그리고 몸을 풀고 이완하기 시작합니다. 자기 몸의 모든 근육이 이완되어 가고 있다고 생각합니다. 머리끝에서부터 발끝까지 이완되며 몸은 가벼워지고 있다고 느낍니다. 솜털처럼 아주 가벼워지고 있다고 느낍니다. 다음에 얼굴의 모든 근육, 특히 턱 부분의 근육을 이완시키면서 입을 약간 벌리고 입 부근의 근육을 이완시킵니다.

이제 복식호흡을 시작합니다. 배꼽부터 5㎝ 아래 부위를 중심으로 호흡을 합니다. 숨을 마실 때는 공기 속의 자연의 정기와 에너지가 몸속으로 들어온다고 생각하면서 깊이 마십니다. 숨을 뱉을 때는 몸속의 불안한 찌꺼기를 멀리 뱉어 버린다고 생각하면서 숨을 내쉽니다. 이 동작을 스무 번쯤 해 보세요.

이 호흡운동을 하는 동안 숨을 뱉을 때 당신의 긴장은 풀리고 당신의 몸과 마음에서 불안이나 초조한 긴장의 덩어리를 내 던지는 기분이 듭니다. 공기 속으로 산산이 조각나 흩어지는 것을 느끼면서 맘은 편안해집니다. 숨을 깊이 마실 때 생명의 에너지가 몸을 지탱하고 도움을 주기 위해 가슴 깊이 들어옵니다. 호흡운동을 되풀이할 때 리드미컬하게 이 에너지가 몸에 스며듭니다. 한없이 몸과 마음이 편안하고 안락하며 생명에 대한 기쁨과 환의가 배 속으로 스며듭니다.

C씨는 이 최면심리와 호흡운동으로 매일매일 삶의 환희와 기쁨을 느끼느라 6개월째 아침식사 전에나 저녁식사 후에 계속하고 있으며 평생 동안 할 것 같다며 들떠 있었습니다.

3장

최면으로 유도되는 단계

1단계: 유도의 시작

만병의 원인이 되는 스트레스를 떨쳐 버려야 하는데, 우리는 최면요법을 이용하여 몸과 맘을 이완하여 안락하고 편안한 마음의 상태에 이르도록 유도해야 합니다. 보통 3단계에서 최면상태에 이르며, 4단계는 최면상태를 더욱 강화할 필요가 있을 때에 실시하며, 5단계는 주변 여건상 혼자만의 특수한 장소가 필요할 때 실시합니다. 먼저 1단계는 '유도의 시작'입니다.

깊이 숨을 쉬고 눈을 감고 이완하기 시작합니다. 당신 몸의 온 근육이 이완되고 있다고 생각합니다. 당신이 호흡과 내부감각에 주의력을 집중하기 시작할 때 외부환경에 대한 주의력이 감소되어 갑니다. 깊이 숨을 쉼으로써 당신은 내적 감각에 주의하게 되며, 그래서 당신의 몸이 자꾸 이완되도록 유도합니다. 그 결과 당신의 맥박은 느려지고 호흡도 느려져서 당신에게 주어진 암시 쪽으로 당신의 주의력이 기울어지게 됩니다.

2단계: 몸의 체계적인 이완

당신 얼굴의 근육, 특히 턱 부분의 근육을 풀어지게 함으로써 이완을 시작합니다. 입이 약간 벌어지게 하여 이 부분을 이완시킵니다. 당신 몸의 모든 근육의 이완에 온 정신을 집중함으로써 당신의 마음도 이완됩니다. 당신은 내적 기능에 커다란 주의력이 늘어나고 감각의 수용력이 늘어남을 경험하게 됩니다.

3단계: 더 깊은 이완을 위한 상상

이제 당신은 보다 깊은 이완 속으로 붕붕 뜨면서 유입해 들어간다고 상상합니다. 당신의 어깨에서 무거운 것이 들어 올려짐을 느낍니다. "무거운 것"이 당신 어깨에서 들어 올려질 때 당신 어깨의 긴장은 해소됩니다.

당신의 신체적 감각의 차이가 변화를 일으키는 암시를 주도록 도와줄 수 있습니다. 몸이 가벼워지면서 이완의 편안한 상태로 더 깊이 더 깊이 흘러가는 느낌을 가집니다. 앞장에서 설명한 대로 위에서 시작하여 아래로 내려간다고 상상하는 지시들은 신체상의 느낌에 변화를 줍니다.

4단계: 최면상태의 강화

아름다운 계단을 상상합니다. 거기에는 열 개의 계단이 있습니다. 그 열 개의 계단은 특별하고 평화롭고 아름다운 장소로 당신을 인도합니다. 어느 순간 10에서 1로 거꾸로 셈을 하기 시작하면서 당신은 계단을 내려가고 있다고 상상합니다. 그래서 각 발자국을 뗄 때마다 당신 몸은 더욱더 이완되어 간다고 느끼며 아래로 떠내려간다고 느낍니다.

각 발자국을 아래로 내려갈 때마다 더 깊이 이완됩니다. 10에서 더욱 이완됩니다. 9에서 더욱 이완됩니다. 8에서 보다 더 이완되며, 7… 6… 5… 4… 3… 2… 1… 아주아주 이완됩니다. 당신의 이완상태를 더욱 강화하기 위해 통상 10에서 1까지 헤아리는 카운트를 이용합니다. 10에서 1로 거꾸로 헤아리면 당신의 최면상태는 강화되고, 1에서 10으로 헤아리면 당신은 의식상태로 되돌아옵니다.

위에서 계단의 상상을 이용했지만 느낌을 강화하기 위해 당신이 좋아하는 다른 어떤 상상으로 대체할 수 있습니다. 즉, 다음과 같이 10층을 오르내리는 엘리베이터의 상상을 이용할 수 있습니다.

당신은 엘리베이터를 타고 있습니다. 이제 내려가기 시작한다고 느낍니다. 층의 숫자가 지나는 것을 쳐다볼 때 10의 숫자를 봅니다. 그리고 이제 9의 숫자를 봅니다. 이 단계에서 당신의 사지가 딱딱해 오거나 무감각을 느낄 수 있습니다. 당신의 주의력은 줄어들고 당신의 암시력은 강화됩니다. 주변 환경에 대한 당신의 주의력이 닫히게 됩니다. 아주아주 편안하고 안락한 기분에 빠져듭니다.

5단계: 특수한 장소

그럼 이제 평화스런 특수한 장소를 상상합니다. 당신의 그 특수한 장소를 상상하면서 평화로운 분위기를 느낄 수 있습니다. 당신은 혼자입니다. 당신 주위에 시끄럽게 할 아무도 없습니다. 당신에게 이 장소는 세상에서 가장 평화스런 장소입니다.

당신이 선택한 이 특수한 장소는 당신의 경험에 따른 독특한 하나의 장소입니다. 실제 당신이 방문했던 장소일 수도 있고 상상의 장소일 수도 있습니다. 구태여 현실적인 장소가 될 필요는 없습니다. 당신은 조용한 바다의 수면 위에 떠도는 커다란 베개 위에 앉아 있을 수도 있고 공중에 매달린 해먹그네에 누워 있을 수도 있습니다. 당신은 구름 속의 상상의 동굴 속에 누워 있을 수도 있습니다. 그 특수한 장소는 당신만이 혼자 즐기고 당신에게 긍정적인 감정을 주는 곳이 되어야 합니다.

이렇게 하여 상상 속에 마련된 장소는 더욱 암시를 강화시킬 수 있는 특별한 장소가 됩니다. 평화스런 감정이 일단 설정되면, 최면 후 암시를 강화하고 지원하는 상상에 반응적이 됩니다.

6단계: 유도의 완성

한 순간에는 특별한 장소를 즐기고 그다음에는 하나에서 열까지 셈을 헤아리기 시작하여 완전한 의식으로 되돌아올 수 있는데, 당신은 마치 오랜 휴식을 취한 것 같습니다. 새로워진 감정으로 되돌아옵니다. 이제 되돌아오기 시작합니다. 하나… 둘… 의식이 되돌아옵니다. 셋… 넷… 다섯… 여섯… 일곱… 여덟… 아홉 및 열.

눈을 뜨세요. 그러면 모든 것이 되돌아오고 몹시 좋은 기분을 느끼게 됩니다. 당신은 이완되고 기분이 상쾌해졌다고 느껴집니다. 당신의 정신이 깨어나고 최면치료를 훌륭히 해낸 것을 기뻐하며 주변을 걸어 보는 것이 좋습니다.

4장

유도의 형태와 과정

유도의 형태

최면상태에서의 변화를 일으키는 장치는 유도인데 이 장에서는 Tad James 박사가 분류한 형태의 유도와 그 운용 방법을 찾아 연구하겠습니다. 그런데 유도가 서로 다르다 하더라도 아래와 같은 결과를 가져와야 합니다. 즉,

- 몸과 마음의 이완
- 주의력 초점의 단순화
- 주변 환경과 일상사에 대한 인지의 축소
- 내부인지능력의 확대
- 최면상태에 이름

고착유도(Fixation Induction)

시계추, 벽의 한 지점 또는 촛불처럼 관심의 일정한 지점에 주의력을 집중하는 것입니다. 한 고착지점에 눈의 초점을 맞추고서 모든 집중력이 외부의 보이는 것과 들리는 것에서 벗어나 직접 대상물에 집중시키는 것입니다. 이 유도는 수초 간 걸리며 자신의 암시능력에 따라 20~30분 정도 걸릴 수 있습니다.

이 유도를 이용하기 위해서 편안한 자세를 취하고 초에 불을 붙이고 불이 타는 불꽃 속을 응시합니다. 당신의 주의력은 완전히 불꽃에 주어져야 하며, 유도는 다음과 같은 식으로 시작됩니다. 불이 타고 깜빡거리는 것을 쳐다보고 불꽃에 눈의 시선을 두고 계속해서 집중합니다. 깜빡거리는 불꽃을 쳐다보고 눈을 집중시킵니다.

불꽃을 쳐다보고 있는 동안 당신의 눈은 무거워집니다. 점점 무거워집니다. 당신의 눈은 계속 무거워 집니다. 점점 무거워집니다. 점점 더욱 더 무거워 집니다. 드디어 눈이 감깁니다.

급속유도(Rapid Induction)

아주 빨리 최면상태를 일으키는 것을 말합니다, 이 유도는 다음과 같은 식의 짧고 빠른 명령어로 시작됩니다.

"눈을 감아라. 턱이 가슴에 닿을 만큼 머리를 낮춰라. 팔을 어깨 높이로 올려라."

당신의 팔이 아주 가볍고 떠도는 듯 느낄 때 당신은 최면상태에 들어가기 시작합니다. 이 유도는 암시능력이 높은 대상자에게 가장 알맞지만, 그렇지 않은 사람에게는 맞지 않습니다. 이 급속유도는 최면심리학의 연출과 관련이 깊습니다. 한 대상자를 상대로 여러 번 시술을 한 후 심리치료사는 그 사람이 암시능력이 높다는 것을 결정할 수 있습니다.

간접유도(Indirect Induction)

어떤 지시도 사용하지 않는다는 점에서 다른 유도와는 다릅니다. 대신 유추나 은유를 이용하여 유도를 실행합니다. 이 접근 방식은 직접적인 접근 방식에 저항을 느끼는 대상자에게 적용됩니다. 자신이 알지 못하는 암시에 저항하거나 거부하는 대상자에게 시술한다는 것은 어려운 일입니다.

그 예로, 은유 분야의 대가인 Milton Erickson은 광범위한 징후를 나타내는 환자들과 성공적으로 작업을 했습니다. 그는 어느 경우에는 은유적 생활을 하는 환자를 취급했습니다. 병원에서 젊은 환자가 시트를 감싸고 소리치면서 병실 주변을 돌아다녔는데 Erickson은 그 사람에게 접근하여 "당신은 목수 경험을 가졌는지 알고 싶다."라고 말했습니다. 그 환자가 그렇다고 대답하자, Erickson은 한 프로젝트를 완성하도록 제의했습니다. 즉, 책장을 만들도록 지시한 것입니다.

이런 식으로 자신의 은유(metaphor) 안에 작업을 하고 있는 환자는 그 회복의 주요 단계의 하나인 생산적인 노동으로 전환해 갈 수 있었습니다.

이완유도(Relaxation Induction)

당신 몸의 온 근육을 이완시킵니다. 이완은 머리 꼭대기에서부터 시작하여 아래로 내려오거나 발가락에서부터 시작하여 위로 올라갑니다. 타인에게 최면을 걸거나 자기최면을 실행할 때 이용하기 쉽고 단순합니다. 이 유도는 이런 방식으로 시작됩니다.

눈을 조용히 감습니다. 숨을 깊이 마시고 내쉽니다. 머리끝에서 발끝까지 당신의 몸의 온 근육이 이완되기 시작한다고 느낍니다. 당신 몸 전체가 매우 편안하고 안락하고 가벼워지고 있다고 느낍니다.

다음 장에 서술하는 '이완으로의 유도 Ⅰ'과 '이완으로의 유도 Ⅱ'에서 더 상술하겠습니다. 가장 기본적인 유도 방식으로 널리 이용되고 있습니다.

이완으로의 유도 Ⅰ

눈을 가만히 감습니다. 온몸이 머리끝에서부터 발끝까지 아주 이완이 되어 가고 있다고 느낍니다. 호흡에 신경을 집중합니다. 숨을 조용히 깊이 들이마시고 또 내뱉습니다. 숨은 보통 때보다 좀 깊다 싶게 마시고 뱉습니다. 숨을 마실 때는 자연 속의 기가 천천히 몸속으로 들어오고 내쉴 때는 몸속의 나쁜 노폐물이 빠져나간다고 상상합니다. 그 노폐물은 병균이나 고통이나 근심거리일 수 있습니다. 배꼽 아래 5㎝가량에 위치한 단전을 중심으로 호흡을 계속합니다.

숨을 마시고 내쉴 때마다 몸이 점점 가벼워진다고 생각합니다. 솜털같이 몸이 가벼워지고 있으며 구름을 타고 두둥실 흘러간다고 생각합니다. 따라서 온몸의 근육이 이완되어 가고 있다고 느낍니다. 머리끝에서 발끝까지 몸의 근육이 이완되어 가벼워지고 있다고 상상합니다. 실제로 몸이 가벼워지고 있음을 느낍니다.

몸의 근육이 이완되고 가벼워지면서 아주 편안해집니다. 숨을 또 한 번 뱉으면 더 편안해지고 또 한 번 뱉으면 몸이 더 이완되고 안락해집니다. 숨을 마실 때는 자연 속의 편안한 기를 마신다고 생각합니다. 자연 속의 편안한 기가 내 몸을 자꾸만 안락하게 이완시켜 줍니다. 이 자연 속의 안락하고 편안한 기가 내 몸속으로 들어와 기를 충만하게 하며 내 몸이 가볍고 안락하여 이완 속으로 빠져듭니다.

더욱 깊고 깊은 이완으로 빠져듭니다. 온몸은 가벼워서 평화스럽고 안락하고 조용해지고 있습니다. 이젠 자연 속의 기가 몸속으로 들어오는 숨소리만 들립니다. 이제 온 맘과 몸이 자연의 기의 바닷속에 내던져져 있습니다. 나의 온 정신은 명증의 심연에 누워 의식이 주는 암시를 기다리게 됩니다.

이완으로의 유도 II

깊이 숨을 쉬면서 눈을 감습니다. 이제 이완하기 시작합니다. 당신 몸속의 모든 근육, 머리끝에서 발끝까지의 모든 근육이 이완된다고 생각합니다. 당신 몸 전체가 아주 편안하다고 생각되기 시작합니다. 당신 몸은 계속 몹시 이완되어 가고 있다고 생각합니다.

숨을 계속 들이마시고 내쉽니다. 그 마시고 내뱉는 호흡을 의식합니다. 당신의 호흡의 리듬에 주의하면 순간순간 당신의 호흡도 이완되어 갑니다. 당신의 주변에서 들려오는 소리는 무시해 버리고 당신이 듣는 것조차도 그 무엇이든 당신이 이완되는 것을 돕는다고 생각합니다.

당신이 숨을 내쉴 때 긴장이 풀려 나가며 당신의 몸과 마음과 생각으로부터 모든 압박을 지워 버립니다. 당신의 마음으로부터 그 압박을 주는 생각을 떨쳐 버린다고 느낍니다. 압박을 주는 생각이 빠져나가기 시작합니다.

당신의 얼굴 근육 전부를 이완시키기 시작한다고 느낍니다. 특히 턱 부분의 근육이 이완되기 시작한다고 느낍니다. 당신의 이 사이가 약간 열리면서 이 부분의 이완이 잘된다고 느낍니다. 이제 턱 부근을 이완시키고 이완되는 기분이 눈자위 부근으로 스며든다고 느낍니다. 그리고 눈자위의 근육이 이완된다고 느낍니다. 그래서 당신은 자꾸 이완되어 갑니다.

당신이 몹시 이완되어 간다고 느낄 때, 당신은 더욱 깊은 이완의 늪으로 떠내려간다고 느낍니다. 당신은 계속 이완되고 있으며, 앞이마의 근육이 이완되어 가고 있다고 느낍니다. 근육은 부드럽고 자꾸 부드러워지며 이완되어 가고 있다고 느껴집니다. 이제 눈에 휴식을 취하고 눈꺼풀이 아주 편안해진다고 상상합니다. 아주아주 이완되어 가고 있다고 느낍니다.

목 뒤와 어깨 부분의 근육이 이완되어 가고 있다고 느낍니다. 어깨에 지워진 모든 무게가 들어 올려 나가고 당신은 기분이 가뿐하며 몸이 가벼워져서 더욱더 이완되어 가고 있다고 느낍니다. 당신의 목 뒤 부분과 어깨의 모든 근육이 이완되고 그 이완된 기분이 점점 아래로 내려가면서 당신이 숨을 들이마실 때마다 당신 몸은 둥둥 떠서 깊은 이완상태에 빠져 들어간다고 느낍니다. 이래서 당신의 근육은 더욱더 이완되어 갑니다.

당신의 어깨 근육으로부터 팔 아래로 손가락 끝까지 이완되어 간다고 느낍니다. 당신의 팔은 더욱 편안하고 이완되어 간다고 느낍니다. 당신은 손바닥에 따스한 느낌을 가질 수 있습니다. 당신의 팔은 몹시 이완되어 있다고 느낍니다. 이제 당신이 다시 한 번 숨을 들이마실 때 가슴의 근육을 이완시킨다고 생각합니다. 이제 당신이 숨을 내쉴 때 배의 모든 근육이 이완된다고 느낍니다. 이제 당신의 다리의 근육을 이완시킨다고 느낍니다. 당신의 발끝까지 완전히 이완이 된다고 느낍니다.

이제 당신의 몸은 편안하고 둥실둥실 떠돌아다니며 더욱 깊은 이완의 늪으로 빠져듭니다. 당신이 깊이깊이 이완의 기분으로 빠져들 때 눈앞에 아름다운 계단이 있다고 상상합니다. 거기에는 10개의 계단이 있어서 그 계단들은 당신을 평화스럽고 아름다운 장소로 인도해 준다고 생각합니다. 당신은 이제 평화스럽고 아름다운 장소로 인도하는 계단을 안전하고 부드럽고 안이하게 한 계단 한 계단씩 아래로, 아래로 밟아 내려간다고 상상합니다.

이제 당신은 거꾸로 10에서 1로 셈을 할 것인데, 계단을 한 계단씩 걸어 내려간다고 생각하며 한 계단씩 디딜 때마다(.) 당신 몸은 더욱더 이완되고 아래로 떠내려가며 더욱 깊이 이완됨을 느낍니다. 10에서 서서히 이완되기 시작하여 9에서 더욱 이완되고 8에서 더욱, 7에서 더욱, 6에서 더욱, 5에서 더욱, 4에서 더욱, 3에서 더욱, 2에서 더욱, 1에서 더 깊이깊이 이완됩니다. 이제 당신은 평화스럽고 안전하고 안락한 아주 특별한 장소에 와 있다고 느낍니다.

위에서 계단의 사용을 언급했지만, 계단 대신 다른 대상을 얼마든지 이용할 수 있습니다. 예로 다음과 같이 10층을 내려가는 엘리베이터를 상상할 수 있습니다. 당신은 엘리베이터 속에 있으며 당신은 내려가기 시작하는 것을 느낍니다. 지나가는 층수를 지켜보면서 이제10… 이제 아홉… 하면서 자꾸만 몸이 이완되어 감을 상상할 수 있습니다. 당신은 이 특별장소에 혼자이며, 아무도 당신 주변을 시끄럽게 하지 않으며 세상에서 가장 평화스러운 장소에 와 있다고 느낍니다.

이완으로의 유도 Ⅲ

Tad James 박사가 고안한 다음 몇 가지 방법 중 하나를 이용함으로써 당신의 최면반응 수준을 알아내고 당신의 암시를 측정할 수 있습니다. 본인 자신이 할 수도 있고, 타인으로 하여금 당신에게 말하게 할 수도 있습니다.

팔을 딱딱하게 하는 연습

완전히 안락한 자세를 취합니다. 다리와 팔을 쭉 펴고 이제 이완훈련을 시작합니다. 눈을 감고 호흡을 깊이 마시고 뱉어 내면서 몸을 이완합니다. 완전히 이완합니다. 양다리를 이완하고 등 아래를 이완하고 양어깨를 이완합니다. 양어깨와 양팔과 목과 얼굴을 이완합니다. 전체 몸을 이완합니다. 바로 이완시킵니다.

다시 깊은 호흡을 마시고 뱉고 또 마시고 뱉습니다. 호흡의 리듬을 주의합니다. 자신이 호흡의 리듬에 흘러가게 합니다. 호흡을 마시고 내뱉습니다. 당신의 몸이 떠다니는 것을 느끼기 시작하고 호흡이 이완되며 몸이 이완 속으로 흘러 들어가는 것을 느끼기 시작합니다.

주변의 소리에 상관 말고 그것들이 지나가며 몸을 이완시킵니다. 모든 몸의 근육을 머리 꼭대기에서 발끝까지 이완시킵니다. 부드럽게 공기를 마셨다가 가볍게 내뱉습니다. 숨을 내쉴 때 긴장을 풀어내고 당신의 몸, 마음, 생각의 어느 부분에서 오는 스트레스도 풀어냅니다.

이제 당신 바로 앞으로 팔을 올려 봅니다. 그리고 꼿꼿하게 폅니다. 주먹을 닫고 주먹을 단단하게, 아주 단단하게 쥡니다. 이제 당신 팔이 단단해지고 있습니다. 아주 단단해지고 있습니다. 팔이 단단해지고 있습니다. 아주아주 단단해지고 있습니다. 당신의 온 팔이 어깨부터 주먹까지 단단해지고 있습니다. 팔이 너무 단단해져 있어 구부릴 수가 없습니다. 팔을 구부리려고 하지만 더 단단해질 뿐입니다.

당신의 단단해진 팔은 가만히 편 채로 있고 아무것도 그 팔을 움직일 수 없습니다. 아무것도 그 팔을 움직일 수 없어서 어깨부터 주먹까지 딱딱해져 있습니다. 완전히 당신 팔은 딱딱해져 있습니다.

버킷(bucket) 연습

이완훈련은 앞에서 서술한 "팔을 딱딱하게 하는 연습"의 항목을 되풀이하면 됩니다. 이완상태가 된 다음 어깨를 평평하게 하고 팔을 앞으로 쭉 뻗어 보세요. 각 손에는 버킷(bucket)를 잡고 있다고 상상합니다. 버킷(bucket)의 손잡이를 손가락으로 잡고 두 버킷(bucket)를 잡고 섭니다.

먼저 왼손의 버킷(bucket)는 종이로 만들어져 있다고 상상합니다. 종이로 만들어졌고 속은 텅텅 비어 가볍다고 느낍니다. 왼손의 버킷(bucket)는 아주아주 가볍다고 느낍니다. 종이로 만들어졌기 때문에 몹시 가볍다고 느낍니다.

그런데 오른손의 버킷(bucket)는 쇠로 만들어져 있다고 상상합니다. 그것은 쇠로 만들어져 있습니다. 아주 무거운 쇠로 만들어져 있습니다. 거기다가 그 속에는 몇 덩어리의 돌이 들어 있습니다. 당신이 그 무거운 바켓츠를 들고 있는 동안 돌이 자꾸 버킷(bucket) 안으로 떨어지고 있습니다. 돌이 버킷(bucket)에 가득 찰 때까지 돌이 계속해서 떨어집니다. 버킷(bucket)는 돌로 가득 차서 꼭대기까지 쌓일 지경입니다. 버킷(bucket)는 몹시 무거워 오른팔이 쳐지기 시작합니다. 돌덩이가 버킷(bucket)에 떨어질 때마다 버킷(bucket)가 무거워 기울어지면서 팔이 아래로 내려갑니다.

이 연습에서 당신의 팔은 어깨 높이 수준에서 아래로 이동하기 시작합니다. 이 이동한 간격이 클수록 암시능력이 크다고 볼 수 있습니다.

명상(Meditation)에 대한 머리말

명상은 긴 역사를 갖고 있는데 종교, 군대 및 레크리에이션(Recreation) 활동과 더불어 수세기 동안 세계 곳곳에서 이행되고 있었습니다. 그러나 미국에서 명상에 대한 큰 관심이 생겨난 건 과거 수십 년 사이입니다.

이 나라에서는 Maharishi Mahesh 요기가 세운 준종교적인 기교인 TM(Transcendental Meditation)을 매일 실시하고 있는 인구가 50만 명 정도에 이른다고 합니다. 명상하는 인구의 증가는 혼돈과 스트레스가 늘어나고 있는 현대인의 삶에서 화평과 하모니를 추구하고 있음을 반영하고 있습니다.

모든 형태의 명상은 상념, 감각, 언어, 물체 또는 어떤 정신상태에의 집착을 내포하고 있습니다. 어떤 기술은 매우 활발해서 시행자가 특수한 것에 주의력을 집중하도록 힘쓸 필요가 있습니다. 예를 들면 어떤 요가기술에서는 시행자가 일정한 자세를 유지하거나 호흡이나 기타 몸기능을 통제하게 합니다. TM과 같은 기타 명상기술은 피동적인 접근방식으로 이루어지는데, 시행자는 정숙한 분위기를 유지하고 내적인 평안을 얻기 위해 이완을 시도합니다.

Zen시술자(명상자)는 "깨달음(satori)"의 상태를 추구하는데, "무"와 "일체"의 동시적 느낌을 내포하고 있습니다. Satori의 상태는 인간계와 물질계 사이에 경계가 없는 상태입니다. TM의 실행자는 눈을 감고 TM교사가 선택한 타인에게는 나타내 보이지 않는 상상적인 소리에 정신을 집중합니다.

Maharishi Mahesh 요기의 추종자들은 각 Mantra가 명상자를 혼란시키지 않게 무의미한 것으로 되어 있다고 주장합니다. 교사는 aihin 또는 aahnah 같은 Mantra를 나눠 주지만 어떤 명상자는 각자 'Peace', 'Love', 'Let go' 같은 의미 있는 단어로 대체하기도 합니다. 대부분의 이런 피동적인 기술은 매일 2번을 20분씩 오전에 1번 오후에 1번 실시합니다.

TM 같은 피동적인 기술의 동조자는 사교성의 향상, 에너지와 정신력의 증대 및 긴장과 스트레스의 감소 등을 겪고 있다고 말합니다. 점점 많은 연구가들이 이 범상한 TM의 효과를 연구하고 있습니다. 그것들 중 어떤 것은 유효한 것으로 보이나, 아직도 과학적으로 증명될 부분이 많이 남아 있습니다.

명상 중에 촬영한 EEG기록에 의하면, 뇌파 형태는 이완이나 졸린 상태와 연관이 있는 것으로 보이고 있고 최근의 연구 결과에 의하면 명상 시간의 40% 중에는 EEG에서 잠의 단계에 빠져 있고 그들의 신진대사(Metabolism)는 낮아져서 산소 소모가 5~20%감소한다고 합니다. 깊은 수면 중에 일어나는 신진대사의 감소에 비할 수 있습니다. 발한, 심장 맥박, 혈전(피로와 불안에 연관된 화학물질)에도 역시 감소 현상이 일어나고 있습니다.

명상이 스트레스에 적응하는 능력을 향상시킨다고 보는 증거들도 있습니다. 일본에서 선종의 승려에 대해 실시한 연구에 의하면, 선 명상에서 어떤 현저한 효과를 나타냈는데 예를 들면 큰 소음에 노출된 대상자가 소음이 감퇴되는 심리적 반응을 나타내 보였습니다.

하버드(Harvard)대학의 Herbert Benson 교수는 명상으로 얻어지는 심리적 상태를 이완반응으로 언급했는데, 그는 그의 동료들이 TM 효과와 유사한 심리적 효과를 만들어 내는 단순하고 직접적인 기술을 개발하였습니다.

한 연구기관에서는 TM을 받기 전과 받은 지 2개월 후의 성격테스트의 결과를 발표했는데, 이 연구에 따르면 명상자들은 자발성, 자존감,

목표지향성, 친밀감의 향상 등 자기실현을 이루는 가치에 중요한 긍정적인 변화를 주는 것으로 나타났습니다. 명상을 하지 않은 연구 대상의 다른 그룹에는 이러한 자기실현에 대한 중요한 긍정적인 변화가 없었습니다.

TM의 주요 목표의 하나는 창의적인 지력을 향상시키는 것입니다. Gray Schwartz 같은 학자에 의하면, 명상가는 비명상가에 비해 스토리텔링(story telling)과 같은 자연적인 창의성이 필요한 일에서 좋은 실력을 보였다고 합니다.

학자들의 연구 보고에 의하면, 명상이 마약 사용을 감소시키며 명상을 오랜 기간 할수록 마약 습관에 더욱 커다란 변화가 생긴다고 주장합니다. 이 발견은 사회에 만연하고 있는 마약중독을 완화시킬 수 있다는 의미가 있습니다. 이에 대해 TM 찬성론자들은 명상을 통해 생긴 의식의 변화가 마약으로 생기는 기쁨보다 훨씬 크기 때문에 사람들이 마약을 포기하게 된다고 합니다.

그런데 거기에는 또 다른 설명이 있습니다. 예로, 시술자는 2주 동안 자발적으로 마약과 격리합니다. 이렇게 하는 개별적인 의지는 시술자가 명상을 시작하기 전 마약 사용을 중단할 준비를 했고 처음부터 마약에 크게 의존하지 않겠다는 것을 의미할 수 있습니다.

물론 여러 요인들에 대한 분석적인 연구가 이루어지지 않아 TM이 마약 습성을 치료한다는 과학적 근거는 아직 없습니다. 그러나 TM 시술자들로부터 행복감, 만족감 그리고 업무 수행능력의 향상이 보고되고 있는 것은 사실입니다.

John Beany와 Herbert Benson이란 학자는 1974년에 4가지 기본요건을 가진 명상기술을 개발해 놓았습니다.

1. 정신적 장치

주의력을 주변 환경에서 벗어나도록 계속적인 자극제, 예로 단어, 생각 또는 대상물 등을 선택합니다.

2. 피동적 태도

좋은 결과를 내겠다고 수행하면서 산만한 생각을 무시하고 당신 자신에 관심을 가지지 않습니다.

3. 근육의 이완

당신의 근육을 이완시켜 무감각으로 갑니다.

4. 조용한 환경

눈을 감는 게 도움이 됩니다. 소음, 영상 또는 냄새로 방해를 받지 않습니다.

그런 다음 이 연구가들은 다음 지시사항에 따라 명상을 진행하도록 했습니다.

1. 편안한 자세로 앉습니다.

2. 눈을 감습니다.

3. 근육을 최대한으로 이완하는데, 발에서 시작하여 얼굴까지 깊은 이완을 유지합니다.

4. 숨을 내쉴 때 한 단어를 조용히 말합니다. 예로 “하나”숨을 들이쉬고 “하나”숨을 내쉬고를 계속합니다(보통 15분간). 깊은 이완에 도달했는지 어떤지는 신경 쓰지 않습니다. 자신의 페이스대로 이완이 일어나도록 피동적 동작을 유지합니다. 산만한 생각이 일어나도 이를 무시하고 숨을 마시고 내쉬기를 계속합니다.

대상자들은 자기 훈련으로 약 1시간 동안 이 기술을 쉽게 익혔고, TM에서의 변화에 비견할 심리적 변화를 나타냈습니다.

정신과 마음을 계발하는 기술 - 명상이란

정통적으로 서방세계는 외형적인 성취를 강조하는 반면, 동양세계는 내적 계발을 중요시했습니다. 과거 500년에 걸쳐 위대한 과학과 기술의 발전이 서구세계에 있었다면, 동양에서는 요기와 같은 도인들이 명상의 내향적 기술을 개발했습니다.

금세기 역사철학의 과제는 서양의 사상과 동양의 사상의 만남을 조화하는 데 있다고 했습니다. 이제 지구상의 동서와 남북의 사상적 조류가 연합하여 글로벌한 문화와 경제의 통합된 형태를 이룩하는 것이 역사적 과제라는 것입니다. 그 결과, 서방에서의 급속한 기술 혁신에 조화할 수 있는 "내적 기술"을 동방에서 만들어 내야 한다는 것입니다.

초기 명상에 대한 과학적 연구는 1930년대 내지 1940년대에 움트기 시작했지만 명상에 대한 정신생리학적 효과에 대한 연구는 1970년대에 시작되었으며 이후 TM, Zen, Vipassan 및 기타 다른 동양의 명상기술로 인해 더 깊은 연구가 이루어졌습니다.

그 이후 수많은 연구논문이 발표되고 뇌 영상기술의 발달로 과거 10-15년간 장족의 발전을 했습니다. 이 명상을 통해 얻는 중요한 이점과 효과에 대해 보통 다음과 같이 얘기합니다.

생리적 효과

- 심장맥박수의 감소
- 혈압의 강하
- 스트레스의 빠른 회복
- beta(사고와 연관된 뇌파)의 감소와 Alpha, Delta 및 Gamma(깊은 이완이나 고도의 정신활동에 연관된 뇌파)의 증가
- 뇌의 좌우 반구(창의력에 연관)의 동시성의 향상
- 수명의 연장
- 콜레스테롤 감소

- 에너지 소모와 산소 소요를 감소
- 깊고 느린 호흡
- 근육 이완
- 통증의 감소

심리적 효과

- 행복감, 평온감의 상승
- 현 순간의 만족감 증대
- 부정적 정서 감소
- 조화된 관계의 향상
- 감정이입의 향상
- 창의력과 자기실현의 향상
- 명석함과 민감성의 증가
- 근심이나 걱정의 감소
- 정신치료나 기타 중독의 치료를 보완

5장

심리학자의 이론

John Gray 박사의 Love Tank 이론

우리 인간은 살아가는 동안 많은 문제에 부딪히게 되고, 이 문제들을 풀어 나갑니다. 그런 어려운 문제들은 사람들과의 관계에서 풀어 나가야 되는데, 이 작업에 필요한 촉매제가 바로 사랑이란 것입니다.

여기 Gray 박사는 사랑을 저장하고 공급하는 탱크가 필요하다며 Love Tank 이론을 만들었습니다. 이 사랑의 탱크는 항상 가득 채워져 있어야 하며, 한 번 가득 채웠다고 충분하지 않다는 것입니다. 우리가 정원에 핀 꽃에 물을 한 번 주었다고 충분하지 않고 자주 물을 주고 보살펴 줘야 하는 것과 마찬가지입니다.

이 Love Tank를 채우기 위해서는 우리는 운명의 신과 연결되어 있다고 느낄 필요가 있습니다. 그렇게 하기 위해서는 여러 가지 방법이 있는

데, 그는 그 방법들 가운데 이 명상이 가장 강력한 방법이라고 말합니다. 신에 대한 믿음이 없어도 명상으로 절대자의 존재를 인지할 수 있다는 것입니다.

Gray 박사가 '신(God)'이라고 언급할 때 그것은 사랑의 에너지, 조물주, 초인적 능력, 탁월한 잠재력, 예지나 영감 등등으로 해석할 수 있습니다. 그의 논지의 배경이 신에 대한 믿음과 강력한 최면에 연관되어 있지만, 그가 신이란 단어를 사용할 때에는 "더 이상의 어떤 것"을 의미합니다.

꼭 종교적이 아니더라도 대부분의 사람들은 무엇인가에 의존하고 믿으려고 합니다. 적어도 더 나은 더 밝은 미래의 도래를 믿습니다. 어떤 믿음을 갖고 행하는 명상은 당신의 Love Tank를 채우도록 돕습니다.

명상을 위해서는 눈을 감고 조용히 무심한 마음의 상태로 들어갑니다. 서서히 당신은 커다란 평화스러움과 함께 이완되어 감을 체험하게 됩니다. 자기가 갖고 있는 사랑의 탱크 안에 사랑을 가득 채우고 있다고 느끼면서 매일매일 몇 분씩 이 명상을 계속했습니다. 그러니까 점점 당신은 기쁨, 자신감, 마찬가지로 사랑을 느끼게 되었습니다.

Gray 박사는 여러 종교를 가진 각계각층의 사람들에게 28년 이상 이 명상(Meditation)을 가르쳤습니다. 명상의 가치는 모든 종교에서 인정하고 수용하고 있으며, 정신적 수행(Spiritual Practice)의 측면에서 봐도 어떤 종교와 상충되지 않는다고 봅니다. 명상을 수행하기 위해 굳이 종교적이 될 필요는 없으나 만약 종교적이라면 종교적 관심을 더욱 강화합니다.

Gray 박사의 명상법은 신을 마음속에 소개함으로써 당신의 내부가 신 또는 절대자의 큰 힘과 연결되어 있다고 느끼도록 해 주는 것입니다. 명상을 실행하기 위해 방해를 받지 않는 환경에 앉거나 누워서 편안한 자세를 취합니다. 전화를 끄고 모든 일을 잊어버리고 내부로 방향을 돌립니다. 꼭 필요하지는 않지만 부드러운 배경음악을 틀어 놓으면 더 좋습니다. 눈을 감고 손을 어깨 높이로 편안하게 올리고 이 구절을 되풀이하기 시작합니다.

> *"오, 신이시여! 내 가슴은 당신에게 열려 있습니다. 어서 내 가슴 안으로 들어와 앉아 주세요."*

이 명상은 주로 이 구절을 조용히 마음속으로 15분가량 되풀이하기를 계속합니다. 열 번 정도 이 구절을 되풀이하는데, 이 구절을 되풀이할 때마다 주의력을 깨우쳐서 손가락 끝에 이르는 에너지(Energy)의 채널을 열리게 한다고 상상합니다. 시간을 체크하기 위해 시계를 봐도 됩니다. 처음에는 마음이 방황하고 다른 생각들이 떠오르지만, 이는 지극히 정상적이고 자연스런 현상입니다.

외우던 구절을 잊어버릴 수도 있습니다. 그런 경우 조용히 눈을 뜨고 위를 쳐다봅니다. 이 과정을 완전히 내면화시키기까지는 시간이 다소 걸릴 수 있습니다. 조금 노력하고 인내하면 신경통로(Pathway)가 점점 개발되어 처리 과정이 자동으로 이루어집니다.

한편 에너지를 받아들이려는 채널은 손가락 끝을 열기 시작한다고 상상합니다. 때때로 처음에 손가락을 약간 흔들 때 그것들을 편안하게 하여 에너지의 흐름을 느끼도록 합니다. 때때로 10분의 1인치쯤 손을 앞뒤로 천천히 움직일 때면 손가락 주위의 에너지장의 느낌이 커집니다.

이리하여 당신의 마음이 신에게 열려 있는 동안 손가락에 주의력을 기울이면 에너지가 신경통로를 타고 손가락 끝으로 흘러가는 것 같은 느낌이 듭니다. 줄은 이미 연결되어 있습니다. 단지 당신은 켜기만 하면 됩니다. 당신의 손가락이 세계를 터치(Touch)하는 것이 허용되는 것과 같이 당신이 신을 터치하는 것이 허용됩니다. Sistine 사원에는 놀랍게도 인간이 손가락으로 신에 도달하여 터치하는 미켈란젤로(Michelangelo)의 그림이 그려져 있습니다.

명상이 좀 진행된 단계에서도 마음이 헤매는 것은 흔한 현상입니다. 초기 단계에서 당신의 마음은 당신을 괴롭히거나 스트레스를 일으키는 것들에 대한 생각으로 마음이 헤매게 됩니다. 명상이 좀 진행된 단계에서는 당신의 마음이 축복의 감정과 강화된 통찰의 흐름을 향해 헤매게 됩니다.

마침 내 문제에 대한 해답이나 내적 지향점을 찾을 때는 언제나 명상 상태에 있는 동안 교묘한 감정으로 나타날 수 있습니다. 명상을 할 때 또한 당신의 마음이 헤매고 있음을 알게 되면 단지 위의 그 구절로 되돌아갑니다. 쇼핑할 품목 리스트, 맡은 일, 사람들이 말한 것들, 당신이 해야만 하는 것들을 생각하는 것은 자연적인 현상입니다.

당신의 마음이 다시 헤매기 시작했을 때 되돌아가서 단지 몇 번 그 구절을 되풀이하여 말할 수 있다면 명상의 이점이 온 것입니다. 말할 필요 없이 명상의 체험은 평화스럽고 조용하고 맘과 몸이 이완되어 있는 상태입니다. 당신의 마음과 정신이 열려서 에너지의 흐름과 연결될 때, 당신이 원하는 것을 요청하고 하루를 창조할 힘을 체험하기 시작하는 이상적인 시간이 됩니다.

신이나 절대자, 초월자, 조물주 또는 기의 주인공이나 대자연의 의지와 매일 몇 분간이라도 연결시킴으로써 당신의 나날은 밝아지고 역동적이 되어 갑니다. 이러한 에너지가 몸속에 흘러 들어옴으로써 아무런 이유도 없이 더 자신 있고 사랑스럽고 즐거운 마음의 상태를 느낍니다. 그 에너지란 어떻게 설명할 수 없는 명상의 일반적 체험입니다.

Gray 박사는 이 체험을 신과의 관계를 느끼는 체험으로 해석합니다. 명상자는 이 체험을 통해 자신의 몸의 손가락 끝까지도 구석구석 하나님의 사랑, 은총, 에너지 그리고 권세가 흐르는 것을 느낄 수 있습니다. 종교를 갖지 않는 사람들은 그 체험을 달리 설명하겠지만 체험 자체는 통상 같다고 봅니다.

명상은 모든 사람에 작동한다

명상의 체험은 선택된 몇 사람만의 전유물이 아닙니다. 모든 이가 이를 수행하면 그 직접적인 효과와 유익함을 누릴 수 있습니다. 내가 25년 전 규칙적인 명상을 시작한 후, 시대는 많이 변했습니다. 오늘날 학생들이 바로 이 절대자와의 연관의 체험을 하는 것을 보고 놀라웠습니다. 사람들은 신을 찾으려고 침묵의 산속으로 들어가 사회와 동떨어질 필요가 없습니다.

Gray 박사도 신과의 내적 관계를 체험하기 위해 9년 동안 스위스 산악에서 중으로 살았습니다. 이 때 명상을 가르치던 Gray 박사보다 배우는 사람들이 Gray 박사보다도 빨리 진전하는 것을 보게 되었습니다. 그들은 수주 안에 에너지의 흐름이 손가락 끝으로 흐르는 것을 체험하기 시작합니다. Gray 박사의 세미나에서 명상을 배우는 사람들의 90%는 하루나 이틀 안에 이 체험을 했습니다. 모든 이들이 바로 평온함과 이완을 체험했습니다.

하루의 일과를 마친 후 명상을 하면 그날의 스트레스가 자동적으로 사라집니다. 에너지의 흐름을 느끼는 것은 당신을 재충전하고 즉시 상쾌함을 느끼게 합니다. 하루의 시작에 명상을 하면 적극적인 태도로 인생을 도전하게 합니다. 하나님과의 관계를 느끼는 것은 당신은 혼자가 아니며 또 다른 도움을 받을 수 있음을 느끼게 합니다. 우리 자신들이 그 고통과 노력을 하지 않으면 안 된다고 생각할 때 그런 고통들이 생깁니다.

우리 손가락을 타고 흐르는 에너지가 우리를 신과 연결시키고 우리의 생활 속으로 힘, 직관, 명지(Clarity), 창의성을 끌어들여 우리가 원하는 것을 이루게 합니다. 신과 연결되어 있다는 긍정적인 생각은 당신이 필요한 것을 끌어들이고 창조하는 힘을 증대시킵니다. 자연히 당신이 더욱 적극적인 에너지를 방출하면 사람들은 당신과 함께 있고 싶어 하고, 당신과 같이 일하고 싶어 하고, 당신에게 무언가를 주고, 당신에게 감사하고, 신뢰하고 싶어 합니다.

명상은 단순합니다. 과거엔 그 과정이 몹시 어려워서 사람들은 에너지의 즐거운 흐름을 즉시 체험하지 못했습니다. 지루하고 피곤해 대부분 중간에 포기하곤 했습니다. 그러나 오늘날, 느낌과 바람의 중요성이 이해되면서 오랜 시간 기다리는 낡은 방식은 더 이상 배우지 않게 되었습니다. 에너지 가 열려 있으면 그것을 다른 이에게도 내보낼 수 있습니다. 이것은 정신적 힐링(Healing, 치료)의 기본입니다.

안수라는 힐링(Healing)들은 에너지를 끌어들여 그것을 치료받는 사람에게 내보냅니다. 힐러(Healer)가 명상의 실행을 가르칠 때도 같은 일이 일어납니다. 에너지가 학생들에게 흐르는 것을 느끼고, 선생은 단번에 흐름을 체험할 수 있을 정도로 투과성이 있습니다.

오늘날 필자가 만나는 사람들은 명상에 대한 수분간의 토론으로 그런 에너지를 끌어들이기 시작합니다. 이 자연의 에너지의 흐름을 더 많이 느낄수록 더 많은 힘이 그 하루에 보태집니다. 당신의 하루를 펼쳐

준다고 상상할 때, 다음과 같은 질문을 하고 실제로 일어나는 것처럼 확실히 대답합니다.

- 당신은 어떻게 하루를 펼치기를 원하는가?
- 어떤 일이 일어나길 원하는가?
- 기타 어떤 일이?
- 그것이 구체적으로 일어나고 있음을 상상하라.
- 당신은 무엇에 대해 행복한가?
  "나는 ~에 대해 행복하다."
- 당신은 무엇을 사랑하는가?
  "나는 ~을 사랑한다."
- 당신은 무엇을 신뢰하는가?
  "나는 ~을 신뢰한다."
- 당신은 무엇에 감사하는가?
  "나는 ~에 감사한다."

마지막 질문에 감사함을 느끼며 현 시간에 주의를 다시 돌려 눈을 뜨면서 3까지 천천히 헤아리며 상쾌하고 평화스럽고 주의력이 집중됨을 느낀다고 생각합니다. 그러면 눈을 뜨고 "신이시여, 감사합니다."라고 말하게 됩니다.

첫째, 창의력 향상으로의 유도

둘째, 자존감의 향상을 유도

셋째, 체중 감량에의 유도

넷째, 우울(Depression)의 극복

다섯째, 통증 억제를 위한 암시

여섯째, 상처의 아픔을 극복하기 위한 유도

일곱째, 도박을 억제하기 위한 유도

여덟째, 금연을 억제하기 위한 유도

창의력 향상으로의 유도

당신의 창의력을 방해하는 모든 의심 가는 일들을 결집시켜 봅니다. 그것들을 한데 모아서 마대 안에 집어넣는다고 상상합니다. 그 마대는 이제 에너지의 덩어리로 변화되어 사용할 수 있게 되는데, 이 에너지를 생산적이고 긍정적인 방식으로 사용하기로 마음먹습니다.

당신은 목표를 달성하고 창조하고 발명하기 위해 이 에너지를 어루만집니다. 당신은 마대를 활짝 열고 그곳에서 쏟아져 나오는 에너지를 바라보고 있다고 상상합니다. 그것은 찬란한 빛깔과 아름다운 무지개처럼 나타나며 방 안을 가득 채우고 당신의 몸을 둘러쌉니다. 그것은 강력하고 적극적인 힘입니다. 당신은 새로운 방향, 새로운 아이디어를 보기 시작합니다. 이 강력한 힘이 당신 몸에서 솟아나고 있음을 느낍니다.

당신의 마음은 더욱더 깨끗해지며 자신감에 차 있으며 당신의 수완과 능력을 확신하며 당신의 조용한 생각을 힘찬 행동으로 옮기는 데 열중하고 있으며, 당신은 이 힘의 에너지를 생활 속에서 통제하는 데 성공적이며, 당신 생활 속에서 창의력을 불붙이고 상승시키는 데 이 에너지를 사용해 나간다고 생각합니다. 당신은 당신의 창의력을 불붙이기 위해 창의력을 방해하는 모든 의심들을 마대 속에 집어넣고 적극적이고 창의적인 방식으로 사용할 수 있도록 이것들을 전환한다는 신념을 가집니다.

당신의 몸을 둘러싸고 있는 색깔 있는 에너지의 스펙트럼을 상상합니다. 당신은 에너지가 넘치고 곧 목표를 달성할 의도를 가지고 분주한 거리를 걷고 있다고 상상합니다. 건널목에 이르렀을 때, 신호등이 파랑에서 빨강으로 바뀌어 당신은 파란 불이 켜질 때까지를 기다리며 당신 자신에게 이렇게 속삭입니다. "이참에 숨을 고르고 이완하자."몇 번 더 숨을 크게 쉬고 몸을 이완합니다.

당신은 당신 주변을 둘러보고 길 건너에 공원이 아름답게 조경되어 있음을 봅니다. "아, 이날이 얼마나 즐거운 날인가!"새롭고 건강한 에너지가 몸속으로 스며드는 것을 느끼기 시작합니다. 이제 당신은 당신의 계획을 생각하고 적극적인 방식으로 그것을 바라보며 새롭고 신성한 에너지가 조용히 몸을 이완시키고 있음을 인지합니다.

당신이 조용함을 느낄수록 당신은 더욱더 열정적이 되고 더욱더 창조적이 되며, 당신이 모르는 사이에 그 신호등은 파랑으로 바뀝니다. 마음이 조용해지고 가벼워지고 앞이 환해질수록 걸어가며 모든 제약이 해소되고 장애물이 해소되어 당신은 계속 자유스러움을 느낍니다.

당신은 계속 길거리를 걷다가 몇 순간 지나 목적지에 도달하고, 거기에서 당신의 창의적인 아이디어의 발명품이 당신을 기다리고 있다고 느낍니다. 당신이 이완을 느낄수록 더욱 당신은 조용해지고 바로 곧 목적지에 도달하게 됩니다. 당신은 이완되고 새로운 에너지를 느끼고 자신감이 생기고 자유스러움을 느낍니다.

당신은 스스로 당신의 오피스로 접근하고 있다고 상상합니다. 당신 앞의 장애물은 당신이 생각하는 대로 쉽게 변한다고 생각합니다. 신호등이 빨간불로 바뀌면 당신은 쉽게 밀 수 있는 벽이 가로막고 있다고 상상하며, 당신이 살짝 밀면 그 벽이 스르르 무너지게 된다고 상상합니다. 어떤 상상이든 아주 좋습니다. 당신의 장애물이 사라진다고 상상할 때, 당신의 꿈을 돕고 당신 능력을 발휘할 수 있는 특별한 장소를 상상합니다.

아름다운 숲으로 인도하는 아늑한 길도 상상할 수 있습니다. 당신은 그 길을 걷고 있다고 상상하며 소나무의 신선한 방향이나 신선한 활기 있는 냄새를 맡는다고 상상합니다. 그 옆에는 폭포도 있고, 잠깐 멈춰서서 따듯한 햇살을 받으며 쉴 수도 있다고 생각합니다. 당신의 그 특별한 장소는 오리털로 된 침대일 수도 있으며, 몸을 쭉 펴고 드러누워 쉴 수 있다고 상상할 수 있습니다.

당신의 맘은 두둥실 떠다닐 때 당신 자신에게 이렇게 말합니다. 당신의 새로운 아이디어가 흘러나오고 표면으로 떠오르고 펼쳐져 나간다고…. 새로운 아이디어가 나타나는데, 아주 적절한 좋은 시간에 아이디어를 맞아들이고 환영하며 사용할 준비를 하고 있습니다. 당신이 떠다닐 때 당신은 분명히 새로운 방향, 새로운 발명, 새로운 아이디어를 보며 당신의 상상력과 고양된 에너지가 흘러 들어감을 느낍니다.

당신이 긴장을 풀 때 당신의 창의적인 에너지가 방출되며 당신 능력에 대한 자신감을 느낍니다. 당신은 모든 것을 이완시키는 특별한 장소를 기억해 내고 창의적인 에너지를 회상해 내고 있으며, 당신의 상상력은 흘러 흘러 자꾸만 떠내려가서 당신 마음을 자유스럽게 유도하며 몇 순간이 지나면 당신은 창의성을 누리면서 새롭고 놀랄 만한 아이디어를 만들어 내고 있음을 느낍니다.

자존감의 향상을 유도

당신이 과거 불편했던 일들의 라벨이 흑판에 붙어 있는 것을 봅니다. 즉, 과거에 당신을 울적하게 했고 당신이 가진 훌륭하고 탁월한 좋은 장점을 회상할 수 없게 하는 침울한 라벨을 하나하나 뜯어봅니다. 그리고 지우개를 가져와서 흑판에 붙어 있는 라벨을 하나하나 지워 나갑니다. 그것은 당신에게 아무런 의미도 없으며, 그 라벨은 흑판에서 사라져서 흑판은 비어 있게 됩니다.

그러면 비어 있는 흑판에 쓰고 싶은 무엇인가를 씁니다. 이제 당신은 분필을 가져와서 당신 자신을 묘사하는 단어들을 씁니다. 당신은 이렇게 씁니다. "자신감이 있고 귀중한 존재이며 중요한 역할을 맡은 유능하며 능력 있는 사람"이라고….

그리고 당신 자신을 묘사하기 위해 또 다른 단어를 또 써 봅니다. 이런 단어를 생각해 봅니다. 당신은 건강하고 의젓한 자랑스러운 당신 자신을 상상해 봅니다. "당신은 건전한 사람이다." 당신이 바라보고 행동하고 생각하는 방향이 건전하고, 그런 것이 당신을 완벽한 사람으로 만들고 있다고 다짐합니다.

당신이 필요로 하는 모든 것을 이룩하도록 도울 수 있는 새롭고 강건한 에너지를 체험하고 있다고 상상합니다. 당신 자신의 모든 긍정적인 면을 한 순간 되돌아봅니다. 즉 당신의 창의성, 당신의 지능, 당신의 특기 등등, 사람들은 당신을 좋은 친구, 좋은 일꾼으로 보며 성격 좋은 사람으로 생각합니다. 당신 자신을 긍정적이고 가치 있는 사람으로 봅니다. 당신 자신을 동료나 상사나 고용인들과 잘 의사소통하고 있다고 생각합니다.

당신 스스로가 당신을 자신 있고 매우 신뢰 있는 사람으로 봅니다. 확실히 능력 있고 올바르며 특기를 가진 사람으로 봅니다. 다른 사람과의 대화가 부드러워 잘 소통되며 다른 사람들이 당신이 무엇을 말하는가에 관심을 가져 주며 당신을 탁월한 사람으로 주목하고 있다고 생각하며 당신을 긍정적인 방식으로 확고하고 자신만만하게 당신의 생활계획을 세워 나가고 있다고 생각합니다.

당신은 이러한 생각으로 모든 문제에 접근합니다. “나는 그것을 할 수 있다”, “나는 에너지가 충분하다”, “나는 그 일에 적합하다”, “나는 역할을 가지고 있다”, “나는 이것을 해결한다”, 당신은 자신 있고 능력 있고 특기가 있고 매력을 가진 사람이라고 생각합니다.

당신은 당신 자신에 친절해야 합니다. 더 이상 부정적인 생각이나 감정에 휩싸일 시간을 가지지 말고 당신의 마음을 적극적인 아이디어로 채우고, 인생을 앞으로 나아갈 도전적인 대상으로 간주합니다.

> *“몸과 마음을 점점 이완시키자. 그 이완된 공간으로 자존감의 에너지가 쏟아 나오게 하자. 이완된 신경회로를 타고 자존감의 기가 부드럽게 부드럽게 흘러 들어간다. 오! 맘과 몸이 몹시 흥분되는구나. 자존감의 기가 흘러 들어간다. 자존감의 기가 내 몸속으로 마구 흘러 들어간다. 기분이 좋구나. 기분이 우쭐해지는구나. 이 자존감으로 내 가치를 알리고 내 소중함을 깨닫고 내 책무를 상기해보고 벅찬 환희를 가슴 가득 안고 여기 있는 나로 오늘의 삶을 창조해 나가자.”*

자연의 에너지가 기운이 몸속으로 흘러 들어갈 때 세르토민이나 멜라토닌이 생성되어 혈액 속으로 녹아 들어가고 신경을 타고 온몸으로 퍼지게 됩니다.

체중 감량에의 유도

앞장에서 설명한 이완으로의 유도를 이용합니다. 이제 당신은 평화스럽고 이완된 상태에 있습니다. 따라서 체중 감량을 달성하는 데 매우 성공적이 됩니다. 내 몸에 더 이상 필요치 않은 체중을 잃겠다고 상상합니다. 당신 자신이 날씬하고 가늘고 근육질로 단단해진 몸을 가지고 있다고 상상하고 느끼고 생각합니다.

당신의 무의식은 이 상상 위에 스며들어 이 상상을 현실화하여 실감합니다. 당신은 체중을 계속 잃고 있으며 감량이 지속되고 있으며 몸에 필요 없는 체중은 자꾸 자꾸 줄여 나가게 된다고 느낍니다. 당신은 비합리적인 식생활 방식을 정상적인 방식으로 고칩니다. 이는 서서히 자연스럽게 일어납니다.

이제 당신 앞에 식탁이 하나 놓여 있다고 상상합니다. 이 식탁에는 당신 몸이나 정신에 해가 되는 음식으로 가득 차 있으며 단 음식, 스낵, 정크음식 등으로 가득 차 있다고 상상합니다. 이러한 음식은 몸에 해독을 거치며 당신의 오장육부에 독을 주는 음식들이라고 생각합니다. 이 음식들은 당신에게 필요치 않는 체중만 늘리는 음식들입니다.

당신이 음식을 취할 경우 아주 소량, 그러나 몸에 만족스러운 소량만을 섭취합니다. 몸에 적당한 소량만을 철저히 소량만을 취합니다. 나머지 음식은 손을 대지 않습니다. 나머지 음식은 식탁에서 밀쳐내어 다른 곳에 버려야 합니다. 당신 몸은 이런 식탁에서 밀쳐낸 음식들은 거부하고 당신의 정서와 마음도 이 음식을 꺼리게 됩니다.

식탁 위를 깨끗이 치우고 이 식탁 위에서 칼로리가 적은 건강식품만을 놓습니다. 당신이 즐기는 신선한 과일이나 야채를 놓습니다. 당신은 식탁 위의 이런 건강식품을 눈으로 보며 맛있게 먹는다고 상상합니다. 아무 말도 않고 천천히 천천히 먹기만 합니다. 전적으로 먹는 양에 주의하여 적정량만 섭취합니다. 그리고 만족합니다. 식간에 드는 간식(snack)에는 전혀 관심 없이 만족스러워 합니다.

당신 스스로 만족스럽게 느끼며 당신 생활에서 긍정적인 것들을 기억하면서 이미 달성했던 목표나 성공을 반추해 봅니다. 계속 당신은 목표를 달성할 수 있고 성공을 이룩할 수 있으며 보다 건강하고 긍정적인 생활을 이어 간다고 생각합니다. 이제 당신 자신의 몸을 바라본다고 상상합니다. 배는 평평하며 엉덩이와 허벅지는 탄탄하고 곧으며 다리는 날씬하다고 상상합니다. 당신 몸은 훌륭하게 보이며 훌륭하게 느껴집니다.

당신은 이완되고 안락하며, 당신에게 음식은 그다지 중요하지 않게 생각되며 천천히 먹을수록 몸은 편안하게 느껴집니다. 직장에 있거나 집에 있거나 간식은 절대 삼가 합니다. 식당에서 식사할 때엔 보다 천천히 식사를 하며 음식의 일부를 남기는 것도 좋습니다. 스트레스와는 상관없이 당신은 평온하고 이완되어 있으며 음식은 그다지 중요치 않습니다.

자신에 대해 자긍심을 가집니다. 먹는 것을 생각할 때는 언제나 훌륭한 건강식품을 선택합니다. 정확한 양을 섭취합니다. 음식은 천천히 먹으면서 가끔씩 음식 먹기를 중단합니다. 접시에 음식을 남기기도 합니다. 그런 것이 좋습니다. 이제 식사를 중단합니다. 몸과 마음의 이완을 계속합니다. 자신감과 평안함이 마음속으로 흘러 들어가게 합니다. 몸의 활력이 점점 생겨나며 건강하고 긍정적인 생활이 이어지고 낡은 식습관이 새로운 습관으로 변화되며 필요치 않은 체중은 계속 줄어듭니다.

당신은 낡은 습관을 고치는 방법을 이제 터득했습니다. 이런 습관은 당신의 필요치 않은 체중을 줄이게 합니다. 당신은 놀랍게도 새롭고도 건강한 활기가 몸과 맘속으로 흘러 들어감을 체험하기 시작합니다. 당신은 지식과 창의성의 긍정적인 면을 발휘하게 되고 스스로를 더욱 매력적인 사람으로 바라보게 됩니다. 당신의 긍정적인 느낌은 매일매일 더욱 굳건해집니다.

우울(Depression)의 극복

더욱더욱 이완하고 깊은 이완 속으로 빠져들며 당신의 생각까지 이완시킵니다. 당신의 생각의 과정을 이완시키고 지금 이 시간 모든 것에 대한 생각을 지워 버리고 당신은 평화스러운 특별한 장소에 있다고 상상합니다. 당신의 마음과 생각이 어떤 휴식의 장소에 있기 때문에 당신의 잠재의식은 긍정적인 최면상의 암시에 열리게 됩니다.

당신의 잠재의식은 당신의 보호자이고, 당신의 보호자로서 그것은 당신을 부정적인 생각에서 경고를 주고 있습니다. 당신이 부정적인 생각이 진행하는 것을 인식하는 그 순간 즉시 당신은 모든 동작을 멈추고 깊은 숨을 쉬세요. 그리고 당신의 부정적인 생각이 아무 가치 없고 그런 부정적인 생각들은 문제를 해결할 수 없으며 당신이 더 건강하게 느끼게도 해 주지 않는다고 생각합니다.

"그것들은 아무 소용이 없다, 그것들은 아무 가치도 없다, 아무 가치도 없다."라며 부정적인 생각은 부정적인 메시지를 줄 뿐 아무 소용이 없으므로 그냥 흘려보냅니다. 당신의 친구와 가족이 당신을 도우려 하고 있으며 매일매일 당신은 건강해지고 항시 좋아지고 있다고 느낍니다.

이제 더욱더욱 이완합니다. 깊은 이완의 조용한 장소에서 당신을 미래 쪽으로 나아가게 합니다. 그 미래는 내일일 수도, 그다음 날일 수도 또는 그다음 날일 수도 있으며 지금으로부터 6개월 후 일수도 있고 1년, 아니 먼 미래가 아닌 아주 가까운 미래일 수도 있습니다. 미래 속으로 당신을 투영했을 때 부드러운 기의 흐름이 나아가도록 한다고 상상합니다.

아주 부드럽게, 서둘지 말고 편안한 흐름을 타고 나가게 하며 당신의 잠재의식이 미래 시간을 선택하게 하며 미래의 장소를 상상합니다. 한 순간 정숙한 장소, 평화스런 장소를 상상하며 당신 자신을 이완시키고 편안해짐을 느끼게 합니다.

이제 당신의 미래를 창조하고 당신은 당신이 세운 목표를 이루었다고 상상합니다. 당신의 목표를 어떻게 이루었는지를 알 필요는 없고,

가장 긍정적인 방식으로 마지막 결실을 상상합니다. 이제 당신은 미래의 이미지에다 긍정적인 감정을 첨가합니다. 기쁨을, 만족을 첨가하고 당신 자신이 미소 짓고 있다고 상상합니다. 당신 자신이 기뻐서 춤을 추고 있다고 상상합니다. 달리며 뛰며 웃으면서 적극적인 감정을 느낀다고 상상합니다. 당신은 온몸으로 크게 웃었던 일을 기억합니다.

가장 적극적인 방식으로 당신의 미래를 창조하고 수시로 그것을 보고, 볼 때마다 거기에 적극적인 감정을 첨가합니다. 기쁨을 첨가하고 안락감을 첨가하고 행복감을 첨가하며 당신 자신이 기쁨을 이기지 못하여 미소 짓고 있다고 생각합니다. 힘껏 달리며 뛰며 웃으면서 환희에 찬 자기 모습을 상상합니다.

아니, 상상이 아니라 이제 확실히 온몸으로 느끼고 있습니다. 가슴에 벅찬 기쁨의 환희에 뜨거워진 피가 온몸으로 퍼지고 있습니다. 뇌신경에서 자극된 분비선에서 멜라토닌이 쏟아지고 있습니다. 세르토닌도 펑펑 쏟아지고 있습니다.

통증 억제를 위한 암시

1. 통증을 변형하고 변경할 수 있다고 암시합니다.
2. 통증을 피하지 말고 바로 보고 그것이 감소하도록 암시합니다.
3. 통증에서 주의를 돌리고 정숙하고 평화로운 이미지에서 오는 편안함을 느낀다고 암시합니다.

상기 목표를 달성함에도 여러 가지 방법이 있습니다. 통증의 치료에 사용되도록 지정된 유도는 당신이 일정한 방식으로 느끼고 생각하고 행동하도록 돕습니다. 스트레스와 근심을 축소하기 위해서는 깊은 이완을 체험해야 하는데, 통증 억제 유도의 첫째 요소인 이완 유도는 이렇게 암시합니다.

당신 몸의 모든 근육이 이완된다고 생각합니다. 머리 꼭대기에서부터 발끝까지. 어떤 통증을 주는 압력이 당신 몸속에서 튀어나오고 이제 당신 몸은 자꾸만 가라앉고 가라앉아서 이완되어 간다고 느끼기 시작합니다. 당신 몸이 굉장히 편안하게 떠내려가며 깊이깊이 이완되어 가고 있다고 느낍니다. 당신의 몸속에 있는 통증을 취하여 그것에 어떤 형태를 주는데, 당신이 들어가고 나올 수 있는 터널이라고 상상합니다.

"통증의 강도가 수 초 동안 증가한다."라는 유도를 위한 암시를 합니다. 이렇게 하는 것은 당신이 통증을 인정하고 소유하기 위함입니다. 통증이 당신 것인 이상 당신은 그것을 강화함으로써 통제할 수 있습니다. 당신이 그 통증을 통제할 수 있는 이상, 당신은 그것을 역시 제거할 수도 있습니다. 당신이 터널을 통과해 나갈 때 당신의 머리 위에 빛을 본다는 유도를 계속합니다. 이제 당신은 터널 끝을 봄으로써 통증을 끝낼 수 있습니다.

"모든 유도의 단계가 당신을 아픔에서 벗어나게 한다."는 유도를 암시합니다. 당신 자신이 치료되고 강화된다는 상상을 합니다. 이제부터 당신이 터널에 들어가고 나가는 매 시간 더욱 강하여지고 치료되고 더욱 좋아진다고 암시해 보십시오. 이 암시는 당신이 더 빨리 치료되고 빨리 회복되도록 잠재의식을 조작합니다.

만성통증의 경우, 유도를 이렇게 암시합니다. "곪은 상처의 통증이 감소하고 차가워지고 치료되기 시작한다."고 상상합니다. "고통스러움이 몸 밖으로 빠져나간다."고 생각합니다. "고통이 물속에 고여 있다가 차가운 물같이 흘러나간다."라고 암시합니다.

당신은 손을 마비시켜 그 마비를 몸의 통증 있는 부분으로 이동시킵니다. 수술의 유도에서 이 암시가 적용됩니다. "당신 손은 이제 완전히 무감각해진다."이제 무감각해지길 원하는 몸 부분에 손을 올립니다. 이제 당신 손에서 무감각이 당신 몸의 일부에 스며들어 가게 합니다. 그 부위는 무거운 나무처럼 무감각해집니다. 통증에서 주의력이 벗어나도록 하는 어떤 긍정적인 이미지에 당신의 주의력을 집중한다는 것입니다.

이완유도는 이렇게 암시합니다. 수풀, 산, 호수 같은 당신이 특별히 정한 위락 장소를 삽입합니다. 당신은 혼자고 아무도 소란을 일으키지 않는 이곳이 당신에게 가장 평화스런 장소입니다. 당신은 그곳에 있고 평화스런 감정이 당신을 통해 흐르고 당신은 이 긍정적인 감정을 즐깁니다.

상처의 아픔을 극복하기 위한 유도

[방식 1]

당신의 주의력을 당신의 고통에 집중하며 그 불쾌한 통증이 태양 같은 에너지의 커다란 붉은 덩어리가 되고 있다고 상상합니다. 당신의 통증은 커다란 붉은 덩어리입니다. 이 묽은 에너지의 붉은 덩어리가 점점 작아지고 있다고 상상합니다.

그 붉은 덩어리의 빛깔은 점점 밝아지고 연한 분홍으로 변해 가기 시작하고 크기는 점점 작아져 가고 있으며 그 작아지는 광경을 바라보고 있을 때 그 통증도 점점 작아진다고 느낍니다. 그 덩어리가 작아질수록 당신은 통증을 덜 느끼고 더 건강해지고 있다고 느끼기 시작합니다. 그 덩어리가 작아질수록 당신은 더 건강해지고 있다고 느낍니다.

그 옅은 분홍색 덩어리가 아주아주 작아지고 있음을 보며, 그 빛깔이 희미한 분홍색에서 거의 푸른색으로 바뀌고 있으며, 이젠 작은 푸른 점으로 변하고 있으며, 이제 거의 사라져 가고 있음을 느끼며, 그것이 사라지고 없을 때 당신은 더욱 건강하고 편안함을 느낍니다. 당신은 아주 편안함을 느낍니다.

[방식 2]

당신에게 고통을 주는 몸의 일부(예로 어깨, 다리, 턱 등)에 주의를 집중합니다. 이제 그 고통을 인정하고 그 부근을 둘러싸고 있는 근육을 이완시킵니다. 그 부근의 근육을 완전히 이완시킵니다. 이들 근육들이 이완됨을 느끼며 이 염증을 일으키고 쓰린 부분의 통증이 줄어들고 차갑고 치료되어 가기 시작한다고 상상합니다. 이 곪고 쓰라린 부분의 통증이 줄어들고 차갑고 치료되어 간다고 상상합니다. 그래서 아주아주 편하게 느끼게 됩니다.

이 쓰라림이 몸에서 떨어져 나간다고 느낍니다. 바로 당신의 몸에서 흘러 나간다고 느낍니다. 그 쓰라림이 흘러나간다고 자꾸만 흘러 나간다고 느낍니다. 그래서 차가운 물이 흐르듯 차가운 느낌이 들어와서 그 쓰라림을 완전히 씻어 버려서 이제 그 부위의 통증을 누그러트리고 이완시키며 그 부위를 점점 진정시키고 이완시켜 해방감과 이완감을 다시 느끼기 시작합니다.

당신의 몸 부위는 정상이 되고 치료가 되고 이완이 되고 움직일 수 있게 됩니다. 이제 당신의 잠재능력이 당신의 몸 부위를 이완시키고 스트레스를 제거해 줍니다.

도박을 억제하기 위한 유도

알코올, 마약, 도박을 습관적으로 하는 이들이 있습니다. 도박 같은 것은 일확천금을 노리는 것보다 도박하는 과정에서 얻어지는 스릴을 만끽하고 싶은 충동 때문입니다.

이 충동을 갑작스레 가라앉히기는 어렵습니다. 자신이 일단 도박에 탐닉되어 있는 도박꾼임을 인정하고 이를 어루만져 줌으로써 서서히 도박에서 벗어나는 방식을 취해야지, 막무가내로 도박은 나쁜 것이니 하지 말자고 작정하고 덤벼들어서는 안 됩니다. 그럴수록 도박은 더 강화되고 문을 꽉꽉 닫고 숨어 버립니다.

일단 복식호흡부터 합니다. 단전이 어디쯤 있는지 대강 짐작해 내고 그 단전을 중심으로 긴 호흡을 합니다. 마시는 것도 길게, 내쉬는 것도 길게 숨쉬기 운동을 합니다. 마실 때는 대외의 정기(精氣)가 들어오고, 내쉴 때는 나쁜 습성의 탁한 기운이 밖으로 새어 나간다고 생각하면서 호흡운동을 계속합니다.

대기의 힘찬 기운이, 활기 넘치는 에너지가 나의 이 나쁜 습성의 악기를 밀어내고 있습니다. 나의 도박의 악기를 밀어내면서 들어오고 있습니다. 이 대기의 신선한, 활기찬 에너지가 나의 이 도박이라는 질 나쁜 탁한 기운을 밀어내고 있습니다. 이렇게 생각하면서 숨쉬기를 약 5분간 계속합니다.

가끔 엉뚱한 잡념이 끼어들면 그대로 두세요. 만약 졸립다면 졸아 버려도 상관없습니다. 뭐, 걱정 없습니다. 실컷 졸고 나면 머리가 훨씬 맑아지고 몸은 가뿐하니까요. 호흡운동을 계속하다 보면 온 우주의 기가 몸속으로 들어와 솜털처럼 가볍고 깊고 깊은 이완의 늪으로 빠지다가 무아지경에 이릅니다.

아! 무아지경에 빠지면서 더욱 맘과 몸이 가벼워지면서 잔잔한 환희의 물살이 살살 밀려오고 있습니다. 봄바람에 일렁이는 시냇물의 잔잔한 물살처럼 가볍게 가볍게 밀려옵니다. 아! 이 기쁨의 순간, 이 즐거움의 찰나, 이 행복감의 마디마디에 당신의 인생의 환희가 스며듭니다.

이제 앞장에서 설명한 호흡운동을 합니다. 이런 호흡운동을 5분-10분씩을 하루에 두세 번 하다 보면, 도박의 충동이 한 단계씩 한 단계씩 완화되면서 언젠가는 수영이나 조깅 같은 건강에 보탬이 되는 스포츠로 대체되려는 기가 솟아납니다.

이때 자기 취미생활의 한 가지로 대체합니다. 골프를 잘 치겠다든지, 테니스를 잘 쳐야겠다든지. 피트니스센터(Fitness Center)에서 달리기 운동을 빠지지 않고 열심히 해야겠다고 다짐하며 그 생각을 끄집어냅니다. "골프를 즐기자, 도박을 그만두고."

아! 평온한 마음속에 먼 하늘로 날아가는 공의 비상을 쫓습니다. 아! 하늘을 가르며 기분 좋게 날아가는구나. 아! 기쁨이 벅차고 환희가 넘치는 기분이 드는구나. 이렇게 하여 도박의 기분은 어느새 잊어버리고 환희에 찬 골프의 동작이 몸에 전율을 일으킵니다.

금연을 억제하기 위한 유도

당신이 깊이깊이 이완하고 있는 동안 과거에 이룩한 기분 좋은 성공의 한 순간을 생각합니다. 당신이 이룩한 많은 긍정적인 목표를 회상하고 자랑스러웠던 일들을 상상하고 당신의 일생을 지탱해 온 창의성, 성취감, 보람 등을 자랑스럽게 회상 합합니다. 당신 자신을 자랑합니다. 당신 자신의 자존심을 한껏 내뿜으며 자긍심을 만끽합니다. 당신은 과거에도 성공했고 많은 긍정적인 성공을 이룩했기 때문에 인생의 여러 분야에서 계속 성공할 수 있다고 믿습니다.

당신의 불건강하고 해로운 것 즉, 나쁜 습관, 긴장, 스트레스 끽연 등의 해로운 것들을 거부하기 위해 전보다도 더욱 역동적이고 확고한 마음의 자세를 취합니다. 이제 담배를 피우는 습관을 거부합니다.

금연자가 되기 위해 당신은 합리적인 여러 이유를 가지고 있습니다. 당신은 혼자 힘으로 당신의 건강과 행복을 위해 그렇게 하는 것이 참 잘하는 일이라고 느낍니다. 과거에도 성공했으므로 지금도 성공하기를 계속할 것이고 현재 갖고 있는 긍정적인 목표에 도달하게 될 자신감이 생깁니다. 이제 당신은 금연자가 되기를 선택합니다.

당신은 당신 옆에 담배개비나 담뱃갑이 없는 상태를 상상합니다. 당신은 금연자가 되는 것이 아주 산뜻하다고 느낍니다. 담배 피우는 습관을 거부합니다. 마음이 그것을 거부합니다. 그리고 몸이 그것을 거부합니다. 담뱃갑을 창문으로 던진다고, 멀리 내던진다고, 그렇게 하는 것이 아주 좋다고 생각합니다. 금연자가 되는 길을 선택하였으며 결심하였다는 것을 참 좋은 일이라고 느낍니다. 참 잘한 일이라고 느낍니다.

당신 몸이 담배 피기를 거부하며 폐는 더 이상 독한 연기를 들이마시기를 원치 않습니다. 폐는 청결하고 깨끗하며 새삼 건강하기를 원합니다. 당신의 코는 깨끗하고 신선한 공기를 마시기를 원합니다. 담배연기는 이제 구역질이 나고 식욕을 감퇴시키고 있는 느낌입니다.

당신 입안은 연기도 없고 냄새도 없이 신선하게 느껴집니다. 당신의 미각은 음식의 신선한 맛을 느끼게 됩니다. 당신의 목구멍에도 독한 연기가 전혀 깃들어 있지 않습니다. 이제 당신의 청결한 폐가 신선한 공기를 빨아들여 당신 몸은 더욱 건강해집니다.

당신은 금연자가 될 올바른 이유를 갖고 있습니다. 당신은 당신의 마음을 정하고 전보다 더 생동적이 되어 건강한 생활을 이어 나갑니다. 당신은 이제 금연자입니다. 당신은 의식적으로 그렇게 느낍니다. 정서적으로 아주 기분이 좋고 매우 좋은 상태입니다. 당신은 금연자입니다. 한 사람의 금연자입니다. 이러한 적극적인 느낌을 당신이 어디를 가나 항상 가집니다.

항상 하는 통상적인 일을 해 나가면서 이 일을 한 개비의 담배도 피우지 않고 해 나가고 있어도 기분은 마냥 좋다고 느낍니다. 담배를 한 개비도 피지 않고 일상 하는 일을 해 나가도 기분은 좋다고 느낍니다. 그리고 얼굴에는 미소가 번지는 것 같고 그러니 자꾸 기분은 좋아집니다.

당신이 일상 하는 일을 해 나가면서 담배는 한 개비도 피지 않으니 기분이 좋고 숨결은 깨끗하며 맑고 깨끗한 공기를 마시니 금연자로 사는 것이 좋기만 합니다. 계속 일상생활은 아무런 지장 없이 해 나가면서 아무 탈 없이 편안하고 정숙하기만 합니다. 얼굴에는 자꾸 미소가 번지고 금연자가 된 것이 몹시 훌륭하게 느껴집니다.

당신은 담배 피기를 멈췄습니다. 담배를 다시 손대지 않겠다고 계속 결심을 하니 기분이 아주 좋고 상쾌하다고 느낍니다. 금연자가 되는 것이 아주 좋다고 느낍니다. 담배 없이 하루 일과를 보내니 아주 좋은 기분이 느껴집니다. 담배를 안 필수록 기분은 더욱더 좋아집니다. 곧 당신 인생의 모든 면이 매일매일 밤낮없이 개선되고 있음을 느끼기 시작합니다.

당신은 훨씬 편안하게 숨 쉴 수 있고 새롭고 건강하고 활기 있는 에너지를 다시 얻는다고 느껴집니다. 당신은 금연자라는 이런 느낌은 당신을 기분 좋고 만족스럽게 하며 인생을 창조적으로 이끌어 나갑니다.

Milton Erickson의 최면이론

우리는 여기서 심리학자 Milton Erickson의 간접적이고 방임식인 최면 방식에 대해 살펴보겠습니다. 그가 언급하는 최면의 힘은 무의식의 작동과 연관되어 있습니다. 무엇보다도 깊은 최면상태로 이끄는 능력을 향상시키는 것이 중요합니다. 현 정신상태를 깊은 최면상태로 유도하는 능력은 무의식과의 교감을 유지하는 능력에 의해 좌우됩니다. 이제 우리도 깊은 최면상태에서 어떻게 무의식과의 교감을 잘 이루어 나가야 하는가를 연구하겠습니다.

몸과 무의식과의 관계

최면심리에서 성공하는 첩경은 무의식을 잘 활용하는 데 있습니다. 무의식은 의식 외에서 일어나는 모든 정보를 보유할 뿐 아니라 감각이나 몸의 기능을 관장합니다. 이 글을 읽기 전에 아마 당신은 발바닥이 마루에 닿아 있는 것도 등짝이 걸상에 닿아 있는 것도 느끼지 못하고 있었을 것입니다. 당신 몸에는 항시 감각이 움직이고 있으나 그것을 대부분 느끼지 못하고 있지요. 무의식은 이 모든 감각기능을 관장할 뿐 아니라 당신의 심장의 맥박, 혈액순환, 소화기능 그리고 자연스런 눈의 깜빡임 등을 관장합니다. 당신의 무의식이 이 모든 것을 정확히 관장하고 있다는 것은 경이로운 일이지요.

우리가 첫째로 가져야 할 주요 개념은 우리의 무의식은 우리 몸에 있는 모든 세포들과 교통할 수 있다는 것입니다. 1980년대만 해도 최면심리가 무의식과 관련이 있다는 것에 회의적 이었으나, 2000년대인 근년에 와서는 과학자들의 계속되는 연구로 육체와 정신의 관련성을 실제로 크게 실감하게 되었습니다.

모든 정신 과정, 정신상태 및 정신적인 행동 등이 항시 당신 몸의 온 세포에 영향을 미친다는 과학적인 증거가 나오고 있습니다. 정보가 신경세포(neuron)를 통과하는 전기충격의 형태로 몸속에 전달된다는 것입니다. 신경세포의 통로를 따라 충격이 전달되면서 세포 간의 어떤 정보가 운반된다는 것이지요. 신경전달자가 수행하는 이 중요한 일을 선경세포 간의 연접부를 거쳐 전기충격을 주는 화학물질이 담당합니다.

신경전달자가 처음 발견되었을 때, 과학자들은 이것이 단지 뇌 속에서만 발견되었다고 생각했습니다. 그런데 그 후 신경전달자가 몸속의 모든 선경세포를 연결시키며 '전기회로'의 광대한 네트워크를 형성하고 있다는 것을 알아냈습니다. 더 최근에 와서는 양자물리학이나 양자생

태학에서 신경전달자는 몸속의 모든 세포에 퍼져 있다고 논하고 있습니다.

이 새로운 지식이 정신·육체 연관성을 푸는 키를 제공하고 있습니다. 무의식은 감각, 동작, 그리고 신체기능을 관장할 뿐 아니라 몸의 수십억 개의 세포 속을 돌아다니면서 영향을 주는 정보를 전달하고 그 무의식적 믿음에 따른 건강을 유지시켜 준다는 것입니다.

모든 세포를 둘러싸고 있는 신경전달자를 이용한 무의식의 활동으로 당신의 면역체계가 계속 영향받게 됩니다. 몸의 건전한 신진대사나 건강이 우리의 무의식의 기능 때문이라고 인식할 만한 많은 것들이 있습니다. 이 최면심리는 우리가 무의식의 입구에 도달하여 정신·육체 연관성을 활용할 수 있게 합니다.

최면심리를 왜 학습하는가

최면상태를 체험하고 최면심리를 학습하는 목적은 우리의 정신·육체의 힘을 강화하고 우리 생활에 변화를 창조하는 힘을 기르는 데 있습니다. 만약 당신이 당신 자신의 능력으로 최면현상 즉 팔의 경직, 근육 부분의 이완, 몸 전체의 경직, 몽유적인 행동 같은 것을 일으킬 수 있다면 당신은 당신 자신이나 타인의 건강을 강화시키고 정신력을 향상시키는 힘을 가졌다고 볼 수 있습니다. 만약 당신이 등짝에 통증을 느낀다면 그것이 사라진다고 생각하면서 조용히 앉아 최면상태에 들어가거나 최면심리사를 만나 최면상태에 들어가 그 통증에서 벗어날 수 있습니다.

이 무의식이란 것이 학습에 새로운 창을 열어 준다고 봅니다. 무언가 쉽게 배우고 싶은 것이 있다면 최면상태에서 무의식에 대해서 이렇게 말합니다. “이것을 배우게 해다오.”그러면 무의식이 그렇게 할 수 있도록 도와줍니다. 무슨 일인가를 조직해서 운영하고 싶다면 당신은 무의식에 대해서 이렇게 말합니다. “이것을 잘 조직하여 운영할 수 있게 해다오.”그러면 무의식은 당신이 그렇게 해 나갈 수 있도록 돕습니다.

최면상태에서 우리는 우리의 인생에서 변화를 추구할 참된 힘을 길러냅니다. 수정할 모든 것을 수정합니다. 치료가 필요한 모든 것을 치료합니다. 과거 배웠던 모든 학습 내용을 활용합니다. 그리고 우리의 꿈과 연관된 신경학적 풀이를 만들어 냅니다. 우리가 무의식적 심리상태와 교감이 잘 이루어진다면 우리가 미래를 창조하는 데 필요한 모든 자원을 갖고 있다고 볼 수 있습니다.

Erickson은 한때 말기에 대해 “환자들이란 그들 자신의 무의식적 심리상태와 교감이 잘 이루어지지 않기 때문에 환자의 신세를 면하지 못하고 있다.”라고 말하며, 무의식적 심리상태와 교감이 잘 이루어진 사람들 역시 자신들의 운명도 통제해 나갈 수 있다고 덧붙였습니다.

우리는 두 가지 목적을 가지고 최면심리를 익히고 있습니다. 한 가지는 우리 자신이 훌륭한 최면심리사가 되어 타인에게 최면심리의 많은 이점을 누릴 수 있도록 인도하며, 다른 한 가지는 이 최면심리를 잘 숙지하여 자기 자신이 최면상태에 들어가서 최면에서 오는 이점을 스스로 얻는 것입니다.

최면심리의 활용성

Erickson의 최면심리에서 주요한 요소는 최면심리의 활용성이라고 봅니다. 과거에 최면심리사는 사람들에게 지시적인 말로 최면을 유도했습니다. 즉 “두 다리를 펴고 두 손을 허벅지 위에 올리고 눈을 조용히 감고 숨을 깊이 쉬십시오.”라고 했습니다. 그런데 Erickson은 지시적인 것보다 간접적이고 다의적인 모호성이 최면에 이르는 데 유리하다고 했습니다.

우리가 최면을 시작할 때 모든 일어날 수 있는 것을 활용함으로써 최면상태를 유도하고 심화시키는 것이 유리하다고 본 것 이지요. 이는 피시술자가 행동하고 말하는 모든 것에 주의력을 집중해야 한다는 것을 의미합니다. 이때 시술자는 ”예, 잘했어요.”라고 말하여 부드럽게 피시술자와의 대화를 이끌어 갑니다.

다음은 Erickson이 피시술자를 깊은 최면상태로 유도한 경험담입니다.

나는 어느 날 저녁 한 피시술자를 깊은 최면상태로 이끌어 들인 체험을 기억합니다. 우리는 차임벨이 달린 큰 괘종이 걸려 있는 응접실에 앉아 있습니다. 시간은 거의 저녁 7시쯤 되었습니다. 피시술자와 깊은 교감상태에서 마주 앉아 있는데 갑자기 차임벨이 울리기 전의 윙윙 소리가 들렸습니다. “이 차임벨 소리가 피시술자가 깊이 들려는 최면상태를 망가트릴지 모르겠구나! 이를 어쩌면 좋을까.”

나는 추가 아래로 내려가서 해머가 차임벨을 치기 시작하는 것을 알자 이렇게 말했습니다. "이제 당신은 깊은 최면상태에 들어갑니다."이 말이 떨어지자 해머가 차임벨을 치자 딩동 하고 커다란 소리가 났습니다. 나는 계속 말했습니다. "딩동 하나… 딩동 둘… 자꾸 깊어집니다. 딩동 셋… 더욱 깊어집니다… 딩동 일곱…."

그렇게 현재 일어난 모든 일이나 사물을 최면유도에 활용했습니다. 피시술자가 차임벨 소리에 의한 깊은 최면유도에서 깨어나자 아주 기분이 가뿐하고 정신이 맑아졌다고 말했습니다.

Erickson은 최면심리의 활용성에 있어서 대가입니다. 그는 최면상태에 이르게 하기 위해 가능한 모든 것을 활용했습니다. 피시술자에게 이렇게 말하곤 합니다. "당신은 이런 것을 주의했는지 모르지만 당신의 호흡은 점점 느려지고 있습니다. 당신의 시선은 벽의 한 지점에 고착되어 있습니다. 또한 당신의 팔의 하나가 딱딱해졌습니다."라고…. 그는 최면상태와 연관될 수 있는 모든 사물을 활용했습니다.

피시술자가 무슨 행동을 하려는 기미를 알아차리면 그렇게 행동하도록 말합니다. 그래서 그 행동이 끝나고 나면 "예, 잘했어요."라고 말합니다. 이것이 그의 활용 방식입니다.

"한 순간 당신은 눈을 깜빡 거리게 됩니다."라고 피시술자에게 말했다고 가정해 봅시다. 한참 후나 바로 곧 피시술자는 눈을 깜빡거리게 됩니다. 그러면 당신은 "예. 잘했어요."라고 말합니다. 피시술자가 눈을 깜빡거리는 것은 당신의 암시에 반응한다는 것, 즉 관념을 무의식적 심리가 받아들이기 시작하는 것을 의미하지요.

이렇듯 눈을 깜빡거리는 암시를 받아들이면 피시술자의 무의식적 심리는 더욱더 추가적인 암시를 받아들이게 됩니다. 최면심리에서 활용성은 이렇게 강한 힘을 가집니다.

질문기법에 대해

최면심리에 대한 작업을 하기 전 피시술자의 생활에서 일어난 모든 사건에 대한 상세한 정보는 작업 진행에 커다란 도움을 줍니다. 피시술자의 현존 문제에 근거하여 질문을 해야 하며, 그들이 무슨 변화를 원하는가를 질문해야 합니다. 서로 질문하고 답하는 시간은 상호 간 교감을 만드는 최선의 시간입니다.

피시술자의 현존 문제와 그 원인 규명으로 인도할 수 있게 다음과 같은 질문 유형을 건의합니다. 당신이 질문을 할 때 피시술자의 생활에 영향을 주는 원인과 효과를 그들의 대답이 암시하고 있는지 유의해야 합니다. 다시 말하면, 피시술자들이 그들의 생활 방향을 통제하고 외부의 힘이 그들에게 일어나고 있는 문제를 좌우하고 있음을 암시하고 있는가 하는 것입니다. 질문의 유형은 다음과 같습니다.

1. 당신은 무엇 때문에 여기 와 있는가.
2. 당신은 이런 문제를 가지고 있음을 어떻게 알게 되었는가.
3. 이 문제를 가지게 된 기간이 얼마나 되었는가.

4. 이 문제를 처음 알았을 때 어떤 일이 있었나.

5. 그 후에는 어떤 일이 있었나.

6. 당신의 인생을 통해 그런 사건들이 어떤 연관성이 있다고 생각하나.

7. 당신의 양친 형제자매 등에 대해 얘기하라.

8. 이 문제와 관련된 어릴 적 얘기를 하라.

9. 이런 문제가 생긴 이유가 무엇인가.

10. 오늘의 이 문제를 해결하는 데 무의식적 심리가 도움이 된다고 생각하나.

이 형태의 질문은 최면상태에서 어떤 암시가 필요한가를 알려 줄 수 있는 대답을 끌어내도록 계획되어 있습니다.

오해의 해소에 대하여

사전대화(Pre-Talk) 중 피시술자가 최면에 대해 가지는 오해나 두려움을 완화할 수 있습니다. 보통 많이하는 오해는 최면상태를 체험한 기억이 없지 않을까 하는 생각인데, 특별히 망각하라는 암시를 주지 않는 한 그런 일은 일어나지 않습니다.

가벼운 최면상태는 이완의 느낌과 별로 다르지 않습니다. 최면상태가 정상적이고 자연적인 상태라면 피시술자가 빠진 최면상태가 깊더라도 별로 문제되지 않고 익숙한 느낌뿐입니다. 피시술자에게 이렇게 말해야 합니다.

"최면상태를 느끼려 기대하지 마세요. 최면상태는 마비된 상태나 황홀한 상태가 아닙니다. 정상적이고 자연적인 심리상태입니다. 깊이 이완되리라 기대하지 마세요."

피시술자가 최면심리사의 통제하에 놓이게 된다고 생각하는 것은 큰 오해입니다. 최면심리란 다른 사람에게 행사하는 힘이 아닙니다. 피시술자와 시술자 사이의 상호 교감입니다. 하나의 협력적인 행위입니다. 양측이 모두 그들 파트너와 동시적 행동을 하는 것입니다. 쌍방이 알든 모르든 각자가 상대방에게 에너지의 파장을 서로 보내고 있고 껴안고 춤을 추듯 동시적 행동을 하고 있는 것입니다. 최면심리란 두 사람이 무의식적 심리와의 더 나은 소통을 이룩하기 위해 서로 협조하는 것입니다.

모든 피시술자는 자신들을 통제하고 있습니다. 모든 최면심리란 자기최면(self-hypnosis)입니다. 피시술자는 이 개념을 잘 숙지하고 있어야 합니다. 최면심리란 자기 독력으로 무엇인가를 수행하는 것입니다. "당신은 나를 최면에 들게 할 수 없다."란 말은 맞는 말입니다. 자신만이 자기 자신에게 최면상태에 빠지게 할 수 있는 유일한 사람입니다. 시술자는 안내자 이거나 도우미에 지나지 않습니다. 모든 최면심리는 자기최면(self-hypnosis)이므로 자기 자신이 최면심리를 통제하고 있는 것입니다.

피시술자는 그들의 가치관이나 신념에 일치되는 암시만 받아들입니다. 그들이 통상 하지 않는 행동을 최면상태에 하도록 할 수 없습니다. 피시술자는 그의 가치관에 반하는 행동을 하도록 하는 최면상의 암시에 따르지 않습니다.

사전대화(Pre-Talk) 과정에서 피시술자에게 자주 이렇게 말합니다.

"최면상태에 있는 동안 당신은 당신을 통제하고 있음을 알 필요가 있습니다. 당신보고 서라고 하면 당신은 일어설 것입니다. 그러나 내가 당신보고 은행을 털기 위해 나가라고 하면 당신은 평소에 그런 행동을 할 유형이 아니기 때문에 그렇게 하지 않을 것입니다."

최면상태에 빠져 있더라도 항시 당신은 당신을 통제하고 있습니다. 그래서 깊은 최면상태에 도달한 것을 알고도 당신은 "나는 그런 짓은 안 해."라고 말할 수 있습니다. 많은 질문을 받는 것 중 하나가 "깊은 최면상태에 그냥 고착되어 있으면 어떻게 되는가?"인데 Erickson의 대답은 이렇습니다. "그냥 기도하라."

선(禪) 수도원의 많은 사람들은 깊고 긴 최면상태를 추구하면서 여러 해 동안 명상에 빠져 드디어 깨달음을 얻는 순간 붓다(Buddha)가 된다고 일컬어집니다.

암시를 가늠하는 테스트

피시술자가 최면상태를 알고자 하여 기분이 약간 흥분되어 있을 적에 한 가지 실시해야 할 주요한 단계가 있는데, 그것이 암시를 가늠하는 테스트입니다. 모든 사람은 어느 정도 암시에 걸릴 수 있습니다. 이 테스트의 목적은 사람들이 모두 암시에 걸릴 수 있고 최면심리에 반응한다는 것을 알기 위함입니다.

사실 필자는 세대의 많은 사람들은 암시에 걸리는 것은 좋은 현상이 아니라고 생각해 왔습니다. 그러나 보다 건강한 심리상태를 유지하고 무의식적 심리와 좋은 소통을 이룩하려면 당신의 마음이 당신의 몸에 어떻게 암시를 주는가 하는 것을 배울 필요가 있습니다. 만약 당신이 암시에 잘 걸릴 수 있다면 당신이 원하는 방향으로 당신의 무의식적 심리를 움직여서 행동으로 옮기게 할 수 있습니다.

암시 테스트(Test)를 위한 훈련

- 사전 및 풍선 테스트
- 자세 흔들림 테스트

[사전 및 풍선 테스트]

시술자는 피시술자에게 이렇게 말합니다.

"손바닥을 아래로 하고 양팔을 당신 앞에 어깨 높이로 쭉 펴세요. 당신의 오른손은 손바닥을 위로 돌리세요. 이제 당신은 웨베스터 같은 무거운 사전을 오른손 위에 얹혀 놓고 있다고 상상하세요. 그

책은 무겁기 때문에 당신의 오른팔이 점점 아래로 아래로 쳐져 내려간다고 상상하세요.

이제 당신은 헬륨이 가득 찬 큰 풍선을 왼 팔목에 맸다고 상상하세요. 당신의 왼손은 점점 위로 올라간다고 느끼세요. 그 무거운 사전은 점점 무거워지고 큰 풍선은 자꾸 위로 올라갑니다. 사전은 점점 무거워집니다."

이를 필요한 만큼 계속 되풀이합니다.

"이제 당신은 눈을 뜨세요. 그리고 당신의 손을 보세요."

당신의 팔이 평행선에서 움직였다면 당신은 최면에 걸릴 수 있으며 당신 몸은 당신 마음에서 오는 암시에 귀를 기울이는 것입니다. 이 훈련을 10초 내지 30초 동안 해 보세요.

[자세 흔들림 테스트]

똑바로 곧게 앉을 수 있는 장소를 찾아 앉습니다. 그리고 시술자는 피시술자에게 이렇게 말합니다.

"눈을 감으세요. 그리고 눈을 감은 채 얼굴이 천장을 향하도록 고개를 돌리세요. 그리고 당신 몸이 앞뒤로 흔들리고 있다고 상상하

세요. 물론 편안하게 앞뒤로 앞뒤로 자꾸 흔들리고 있다고 상상하세요. 당신은 실제로 앞뒤로 조용히 흔들리고 있음을 느낍니다. 당신의 무의식적 심리가 당신의 몸을 붙들고 앞뒤로 흔들리게 하고 있습니다."

당신이 천장을 똑바로 바라보고 있지 않으면 이 테스트는 잘 되지 않습니다.

"당신의 무의식이 당신 몸을 자꾸 앞뒤로 흔들리게 하고 있습니다. 이제 당신은 눈을 떠서 몸이 흔들거리고 있음을 느끼세요."

암시 테스트(Test)에 대한 확신

위의 두 가지 암시 테스트는 암시를 체험 못하고 최면에 빠지지 않는 사람들에게 실시해 볼 수 있는 기본적인 암시 테스트입니다. 그 테스트들은 최면과 암시를 확신시키는 방법이지요. 사람들은 최면상태에 이르게 하기 전에 위의 이 테스트를 해 보도록 하십시오.

"당신은 여러 방법 중 한 가지 방법에 잘 적용될 수 있습니다. 그 이유는 당신 몸의 서로 다른 근육 부위가 작용하기 때문이지요. 사전 및 풍선 테스트에서도 우리는 모든 팔과 어깨 근육 부위를 사용합니다만 자세 흔들림 테스트에서는 우리는 다리 근육 부위를 사

용하고 있지요. 다른 근육 부위는 사람에게 다른 수준의 암시를 줄 수 있습니다. 그래서 저마다 가장 좋은 암시를 줄 수 있는 근육 부위가 어디인지 알 수 있게 됩니다."

이 암시 테스트는 특별히 Erickson식 최면 방식은 아니고 표준적인 최면심리에서 나온 것입니다. 대부분의 사람들은 위의 두 가지 방식 중 한 가지에 반응하게 됩니다. 어쨌든 사람들이 최면상태에 이를 수 있는가를 확인하는 수단으로서 이 암시 테스트가 많이 사용되고 있습니다.

Ericksonian **방식**

Milton Erickson의 최면심리 분야에 대한 큰 공헌이라면 간접적 자유방임적 최면기술을 개발했다는 데 있습니다. 그는 1920년에서 1940년 기간에는 고전적인 직접최면 방식을 이용했으며, 연구 추기에는 정신병리학을 활용하여 최면심리를 연구했습니다. 그가 연구·개발한 대상은 민감한 감성의 연구에 있었습니다. 수년 동안 직관적인 능력과 실제 표식의 느낌을 결합해서 간접적인 접근으로 점차 발전해 나갔습니다. 그러다가 1980년 만년까지 모든 최면심리를 간접적인 방식으로 처리했습니다.

그는 특별히 "최면심리(hypnosis)"라는 단어를 쓰는 것을 피했으며, 피시술자가 가만히 앉아서 어떤 이야기들(stories)을 말하게 했습니다. 그러면 피시술자는 뭐가 변했는가 이상하게 여기면서 자리를 뜹니다. 그러고 나서 나중에 그들의 문제가 해결되었다는 것을 알게 했습니다.

Erickson은 모든 사람은 최면상태에 도달할 수 있다고 믿었습니다. 그의 방식은 최면상태에 들어가기를 싫어하거나 주저하거나 처음으로 실시하는 사람들에게 특히 효과적입니다. 그의 방식은 초심자에게 좋은 방식입니다. 만약 당신의 접근 방법이 별반 효과가 없다면, 그의 유도 방식으로 바꾸어 보는 것도 좋습니다.

암시가 잘 안 된다고 하는 사람들에게 Erickson의 방식이 효과적인데, 적절한 사전대화(Pre-Talk)를 이용하는 것입니다. "최면상태를 느끼리라고 기대는 하지 말고 우선 최면상태에 빠지는 방법을 배운다고 생각하세요."라고 말하면서 최면심리를 시작하는 것입니다. 그리고 암시 테스트를 이용하여 가능성을 체크합니다. 그런 다음 유도를 시작하여 간접적 방임적 기술을 쓰면 성공률을 높일 수 있습니다.

Erickson의 접근 방식은 피시술자에 적용하는 데 편안할 뿐 아니라 새 시술자가 최면상태를 유도하기 시작할 때도 매우 편리한 방법입니다. 사람들이 최면상태에 이르게 하기 위한 방임적 접근 방식을 배우려면 성공률을 올리겠다는 믿음을 갖고 기술을 향상시켜야 합니다.

Erickson의 응용식 접근 방식

Erickson의 접근 방식은 응용식 접근 방식으로, 다음 세 단계로 이루어져 있습니다. 첫 단계는 준비 단계로 암시 테스트, 사전대화(Pre-Talk) 그리고 개인사에 대한 대화입니다. 두 번째는 최면상태에 이르게 하는 작업입니다. 세 번째는 시술자와 피시술자의 종합적인 결과 평가입니다.

최면상태에 이르는 작업

최면상태에 이르게 하는 작업에는 피시술자의 주의력 집중이 필수적입니다. James Braid 시대의 최면심리학자들은 피시술자의 눈을 한 지점에 고정시켰다는 것을 알고 있습니다. 대조적으로 Erickson은 주의력을 내재적인 실체에 피시술자의 믿음과 행동을 고착하도록 유도하는 방식을 이용하여 최면상태에 이르도록 했습니다.

피시술자는 자신들의 가치관, 믿음, 세계관을 갖고 시술자를 맞게 됩니다. 그래서 피시술자들은 무의식적 심리 속에 세계관의 틀을 만들어 놓고 있습니다. 만약 피시술자의 무의식 속에 잠겨 있는 가치관이나 믿음이 시술자가 바라는 것과 상극이라면 최면상태에 깊이 들어가지 못하게 됩니다.

피시술자가 변화를 가지기 위해서는 그가 가진 세계관을 느슨하게 할 필요가 있다고 Erickson은 말합니다. 피시술자가 최면상태에 빠져 있을 때 Erickson은 그들의 세계관에 도전하는 쇼크, 비판, 공격, 혼란 등을 사용했습니다. Erickson의 목적은 피시술자가 무의식적 탐색(unconscious search)을 이룩할 수 있도록 유도하는 것이었습니다.

그는 애매모호한 상념, 회의적인 질문, 기타 간접적인 암시 방식을 동원했습니다. 그래서 피시술자는 무의식 과정을 거쳐 새로운 연상과 심리적 메커니즘을 작동시키게 됩니다. 피시술자의 최면적 반응은 깊은 최면상태의 현상이지만, 주요 변화가 생겼음을 알게 됩니다. 피시술자의 세계관을 느슨하게 하고 새로운 믿음으로 나가도록 하는 특별한 형식의 질문을 다음과 같이 소개합니다.

- 특별히 당신이 원하는 것이 무엇인가?
- 당신은 지금 어디에 와 있는가?
- 당신이 원하는 것을 가졌을 때 무엇을 보고 듣고 느끼고 있었는가?
- 당신이 원하는 것을 가졌다는 것을 어떻게 아는가?
- 무엇이 이러한 결과를 당신에게 가져왔는가?

피시술자가 최면상태에 빠져 있을 때, 그의 세계관을 느슨하게 하고 큰 변화의 문을 열도록 무의식적 심리를 반응하기 위해 Erickson은 최면에 빠지는 모호한 언어를 사용했습니다.

Estabrooks의 최면심리

금세기 최면심리의 전통적 접근법의 대가 중 한 사람으로 Geroge Estabrooks를 꼽을 수 있는데, 그는 콜게이트(Colgate)대학교의 교수로 1943년에 『Hypnotism』이란 책을 발간한 바 있습니다. Estabrooks는 직접적 권위적 접근법을 시도했습니다. 그는 최면유도를 통상 이런 식으로 시작했습니다.

"눈을 감으세요. 당신은 깊은 잠에 빠집니다. 당신의 온몸의 근육을 이완시키고 당신은 깊은 잠에 빠져 들어가고 있다고 상상합니다. 더욱 깊게 더욱 깊은 잠에 빠져들고 있습니다. 당신은 내가 깨어나라고 할 때까지 깨어나지 않습니다. 나중에 당신은 깨어나라는 말에 천천히 깨어나서 암시의 효과를 받아 기분이 가뿐하게 느껴집니다. 당신은 지금 깊고 깊은 잠 속으로 빠져들고 있습니다."

최면심리를 배우는 과정을 용이하기 위하여 최면상태의 유도는 Estabrooks의 방식을 따르고, 그다음 암시에서 Erickson의 간접적인 암시 방식을 적용합니다. 이런 방식을 점진적 테스트 유도 방식이라고 부릅니다.

이런 방식을 동료들이 이용하도록 건의하고 시술자와 피시술자를 교대로 바꾸어 실시하도록 하십시오. 각자는 모두 다르게 반응합니다. 어떤 피시술자는 깊은 최면상태에 이르는 데는 성공적일 수 있습니다.

Estabrooks의 점진적 테스트(Test) 유도

- 눈을 감고 깊은 수면으로 유도
- 눈꺼풀 감기
- 팔을 굳게 하기
- 다리를 약하게 하기
- 스스로 움직임

• 수면 속에서의 대화

• 잠 속의 동작

[눈을 감고 깊은 수면으로 유도]

눈을 감고 모든 사물을 상상합니다. 당신이 깊은 수면으로 빠져드는 시간을 기억해 봅니다. 이제 당신은 몹시도 피곤했던 시간을 기억합니다. 그리고 모든 근육이 잘 이완되고 있음도 기억합니다. 그래서 깊고 깊은 잠 속으로 빠져들어 가고 있는 시간도 기억합니다.

이제 당신은 내가 무슨 말을 할 때까지 잠 속에 깊이 잠겨 있고 깊은 동안을 잠에 빠져 있을 수 있습니다. 그래서 당신은 나의 목소리를 항상 들을 수가 있고, 그 최면상태의 잠에서 깨어나면 기분이 맑아지며 이 암시의 결과에 무척 만족하게 됩니다.

그렇지요. 더 진행해 봅시다. 더 깊은 잠에 빠져듭시다. 더욱 깊고 깊이(이 방식을 약 5분 동안 계속합니다.) 그래서 당신은 일어난 모든 일을 기억할 수도 있고, 기억하지 못하여 잊어버릴 수도 있습니다. 그러나 다 괜찮습니다.

[눈꺼풀 감기]

당신의 몸이 깊이 이완된 것처럼 당신의 눈도 감긴 것을 압니다. 당신의 눈꺼풀이 몹시 무거워져 아주 단단히 닫혀 있다고 느낍니다. 당신의 눈꺼풀이 단단히 닫혀 있어서 아무리 애를 써도 열 수가 없습니다.

열려고 애를 쓰면 그럴수록 더 단단하게 닫힙니다.

[팔을 굳게 하기]

당신의 오른팔에 주목하고 그 팔이 딱딱하고 뻣뻣해지고 있다고 생각합니다. 아주 딱딱하고 뻣뻣하다고, 쇠 조각처럼 딱딱하고 야물어서 전혀 굽힐 수 없다고 생각합니다. 몹시 딱딱해진 오른팔은 굽힐 수 없습니다. 흥미롭게도 당신은 굽힐 수 없습니다.

[다리를 약하게 하기]

이제 당신 몸이 둥둥 떠서 떠돌아다닌다고 생각하세요. 약간 흥미롭기도 합니다. 당신 다리의 근육을 통제할 수 없을 만큼 몹시 이완되어 있다고 생각합니다. 당신은 어디에서 태어났나요? 그걸 당신이 기억합니다. (이 질문의 목적은 연령 퇴영-어린 시절로의 후퇴)

기억해 내세요! 너무 이완된 나머지 어린 아기 때처럼 다리를 잘 놀릴 수 없게 됩니다. 그래도 괜찮으니 맘 놓으세요. 너무 이완되어 있어서 몸을 전혀 일으킬 수가 없습니다. 당신이 일어나려고 애를 쓸수록 더욱 다리 근육은 이완될 뿐입니다.

[스스로 움직임]

이제 조심스럽게 귀를 기울여 주세요. 참 재미있습니다. 당신의 손이 무엇을 할 수 있는지를 알아내는 시간이 됩니다. 이제 당신의 손에 터치를 합니다. 이제 당신의 손이 빙글빙글 원을 그리기 시작합니다. 손이 원을 둥글게 그리며 돌기 시작하는 것이지요. 둥글게 둥글게 그리고 빨리 빨리 당신의 무의식이 손을 들게 하는 것이지요. 맞습니다. 그렇습니다. 당신은 조금은 재미있어 하면서 그 동작을 멈출 수가 없고 멈추려고 하면 손이 더 빨리 빙빙 돌게 되지요.

[수면 속에서의 대화]

이제 꿈을 꾸도록 해 보세요. 정말로 잠 속에서 대화를 나누는 것을 꿈꾸어 보세요. 사람들은 꿈속에서 얘기할 수 있다는 것을 압니다. 당신이 잠을 자고 꿈을 꾸는 동안 몇 가지 질문을 하겠어요. 당신은 잠에 빠져 꿈속에서 답을 하는데, 다른 사람들이 꿈속에서 얘기하는 것을 보아왔지요. 곧 질문을 던지면 당신은 쉽게 곧바로 대답하게 될 것입니다.

당신의 이름은 무엇입니까(대답을 기다려 되풀이할 수 있습니다.) 당신의 주소는 어디입니까.

[잠 속의 동작]

이제 당신은 곧장 일어나세요. 당신은 섰을 때도 꿈속처럼 잠에 빠져 있습니다. 당신은 몽유병 환자를 본 적이 있지요. 서 있는 게 쉽지요. 이제 당신에게 터치를 합니다. 일어서세요. 그리고 걸어 보세요.

예, 됐습니다. 당신은 깊은 잠에 빠져 있지만 당신 다리의 근육을 사용하기가 쉽다는 것을 압니다. 일어서세요. 그리고 당신이 앉았을 때 더욱더 깊은 잠 속으로 빠져듭니다. 당신은 안전하고 편안히 앉을 수 있습니다.

심리학자 Stephan Bodian의 명상이론

몸을 이완시키기 위한 기술을 다음과 같이 설명하고 있습니다.

• 따듯한 물로 샤워를 하고 있다고 상상합니다. 물이 몸과 다리 아래로 흘러내릴 때 모든 불편함과 고통스러움이 씻겨 내려가서 기분이 상쾌하고 생기가 샘솟는다고 여깁니다.

• 따스한 꿀 덩어리가 머리 위를 덮고 있다고 상상합니다. 그것이 녹아서 얼굴과 목을 타 내려가서 어깨와 가슴과 팔을 덮고 점점 온몸을 타 내려가서 발가락까지 젓게 한다고 여깁니다. 그 따스한 액체가 모든 긴장과 스트레스를 씻어 내어 몸이 깊이 이완되고 상쾌해진다고 생각합니다.

• 안전하고 보호된 평화스러운 장소를 상상합니다. 즉, 수풀이나 잔디밭이나 모래톱을 상상합니다. 이 장소가 얼마나 조용하고 이완된 장소인가를 충분히 느낍니다. 그래서 그 느낌이 온몸의 세포

마디마디에 스며들어 가고 있음을 느낍니다.

- *자신에게 깊은 정신적 또는 개인적인 의미가 있는 한 가지 단어나 어구를 선택합니다. 눈을 감고 이 말의 음을 되풀이하여 듣습니다. 보다 더 깊은 이완상태에 들어가기 위해서 다음과 같은 동작과 상상을 합니다.*

1. 편안히 누울 장소를 찾습니다. 신발을 벗고 허리띠와 타이트한 옷을 헐거워지게 하고 등은 꼿꼿이 세우고 양팔은 가볍게 무릎 위에 올려놓으며 양다리는 살짝 벌립니다.
2. 당신 몸은 닿아 있는 침대나 마루와 일체감을 가집니다.
3. 눈을 감고 발끝에 주의력을 모읍니다. 양발을 움직이고 발가락을 꼼지락거리면서 양발의 긴장을 최대한 풉니다.
4. 주의력을 다리와 허벅지와 엉덩이 쪽으로 옮겨 갑니다. 그래서 무거워지고 이완되면서 마룻바닥과 일체감이 이루어진다고 상상합니다.
5. 아랫배 부분으로 주의력을 옮깁니다. 모든 긴장이 풀려나고 호흡은 깊어지며 배꼽 부분이 부드러워진다고 상상합니다.
6. 윗배 부분, 가슴 그리고 목 부분으로 주의력을 옮기며 그 부분들이 부드러워진다고 느낍니다.
7. 주의력을 어깨, 팔의 윗부분, 팔의 아랫부분 그리고 손으로 가져갑니다. 그런 다음 부분들이 무거워지고 이완되며 나중에는 마룻

바닥과 일체감이 이루어진다고 상상합니다.

8. 이젠 주의력을 머리와 얼굴 부분에 가져갑니다. 얼굴과 머리 부분에서 긴장이 녹아서 마룻바닥으로 흘러내린다고 느낍니다.

호흡 셈하기

10분 내지 15분 동안 가만히 앉아 있을 만한 편안한 자리를 정합니다. 그런 다음 몇 번 깊은 숨을 들이마시고 천천히 내뱉습니다. 호흡을 억지로 통제하지 말고 깊은 숨을 리드미컬하게 자연스럽게 쉽니다. 별다른 이유가 없다면 항상 코로 숨 쉬어야 합니다.

열 번을 셀 때까지 숨을 마시고 뱉는 것을 셈하기 시작합니다. 다시 말하면 숨을 마시고 "하나" 하고 셈하며 숨을 내쉴 때 "둘" 하고 셈하며 다시 숨을 마실 때 "셋" 하고 셈하면서 "열"까지 나아갑니다. 중간에 셈이 틀리면 다시 "하나"로 되돌아갑니다. 깊은 숨을 쉬기 위해 숫자를 길게 뽑을 수 있습니다. 숨을 마시고 "하---나" 숨을 내쉬고 "두---울" 하고 길게 뽑으면서 열까지 길게 나아갑니다.

처음 초보 단계에서는 숫자를 세다가 중간에 잃어버리는 수가 있습니다. 그런 경우는 아무 걱정 말고 되돌아가서 하나부터 셈을 다시 시작하면 됩니다.

명상 시작하기 전 몸의 준비

1. 자세를 취하기 위해 양다리를 정지합니다.

2. 등을 꼿꼿이 세워 척추를 쭉 폅니다.

3. 몸을 시계추처럼 좌우로 흔듭니다.

4. 몸을 앞뒤로 흔듭니다.

5. 당신의 골만을 약간 앞으로 기울입니다.

6. 턱을 부드럽게 끌어당깁니다.

7. 혀는 입천장에 닿게 하고 숨은 되도록 코로 쉽니다.

8. 손은 허벅지나 무릎에 올려놓습니다.

9. 머리에서 발끝까지 이완하여 긴장이나 불편함을 떨쳐 버립니다.

10. 이제 명상을 시작합니다.

명상을 위한 자세 갖추기

나무의 뿌리가 깊이 파묻혀 있어야만 자라나는 동안 쓰러지지 않고 잘 커 갈 수 있는 것과 마찬가지로, 우리가 5분 내지 10분 동안 명상을 지속하기 위해서는 하반신을 편안하게 고정시켜 줄 수 있는 자세가 필요합니다. 수백 년에 걸친 실행 과정에서 현명한 명상가들이 특별히 편하고 효용성 있는 훌륭한 자세들을 발견해 놓았습니다.

이런 자세들은 외형상으로는 다른 모양들을 하고 있지만 한 가지 공통점이 있습니다. 골반 부분이 약간 앞으로 기울고 몸의 하반신을 자연스럽게 고정시켜 놓고 있다는 것입니다. 다음 걸상에 앉은 자세와 무릎 꿇는 자세가 대표적인 자세입니다.

- 책걸상에 앉은 자세
- 무릎 꿇기
- 반 Lotus 자세
- 온전 Lotus 자세

[책걸상에 앉은 자세]

걸상에 앉아 명상하는 기술은 엉덩이를 무릎 높이보다 약간 높여서 앉고 골반을 앞으로 기울인 듯하면서 등을 꼿꼿이 세우기가 좋습니다. 걸상은 팔걸이가 없는 식당용 걸상이 좋으며, 엉덩이 밑에 작은 쿠션을 깔아도 좋습니다.

[무릎 꿇기]

이 자세는 고대 이집트와 전통적인 일본에서 많이 이용되었는데 'Seiga자세'라고 부르기도 합니다. 적당한 받침을 깔지 않고 무릎을 꿇기란 몹시 힘이 듭니다. 그래서 엉덩이 밑에 쿠션을 까는 경우가 많습니다. 특별히 고안된 Seiga용 벤치를 사용하기도 합니다. 무릎 꿇기 자세에는 다음과 같은 반 Lotus자세와 온전 Lotus자세가 있습니다.

[반 Lotus 자세]

엉덩이를 쿠션에 대고 한쪽 발을 다른 쪽 허벅지에 올려놓으며 다른 쪽 발은 반대쪽 허벅지 아래의 마룻바닥에 닿게 하는 자세입니다. 왼쪽 발은 허벅지 위에 있고 오른쪽 발은 마룻바닥에 두고 또 발을 그 반대로 바꾸어 놓을 수 있습니다.

[온전 Lotus 자세]

엉덩이는 쿠션에 받치고 왼쪽 발은 오른쪽 허벅지에 오른쪽 발은 왼쪽 허벅지에 올려 엮어서 앉습니다. 다리에 주어진 힘을 안배하기 위해서는 반 Lotus 자세를 취하고서 다리를 교대로 바꾸는 것이 좋습니다.

명상 중의 체험

어떤 이는 수년 동안 명상을 하면서 특이한 체험을 기대했지만 전혀 체험하지 못하는 반면, 어떤 이는 몇 번의 시도에서 초월적인 체험을 갖기도 합니다. 어떤 이는 명상 중 항상 천사 같은 초월적인 존재를 감지한다고 합니다. 명상 중에 조우하게 되는 특이한 체험 가운데 황홀감에 대해 기술해 보겠습니다.

명상에서 당신의 집중력이 깊어지면 '기쁨'이라고 일컫는 특이한 실제적 체험을 갖게 됩니다. 이 기쁨의 통상적인 형식은 몸을 통해 흐르는 미묘한 즐거움을 주는 에너지의 흐름입니다. 이 에너지가 타이트하고 수축된 부분을 열어서 반응하게 합니다. 이런 에너지의 흐름은 진동이나 떨림, 갑작스레 반복되는 동시적 움직임(전통요가에서 말하는 Kriyas)을 가져올 수 있습니다.

예로 척추의 경련이나 팔이나 머리의 무의식적인 움직임 따위가 옵니다. 이 황홀감은 보통 기쁨으로 체험되지만, 놀라고 당황한 나머지 몸 상태를 억제할 수 없게 되는 경우가 있습니다. 어떤 이는 태국의 승원에서 명상에 잠겨 있는 동안 그의 팔이 새 날개처럼 펄럭거리기도 했다는 보고도 있습니다.

이 황홀감은 에너지보다 더 강력한 것이라 말할 수 있습니다. 이유 없이 몸이 뜨거워지는 것을 느낍니다. 또는 몸이 무겁고 단단해지며 빛으로 투명해지고 빛으로 가득 참을 느낍니다. 즐거움과 기쁨의 파도가 밀려와 온몸이 욱신거리기도 합니다.

에너지가 강화되었다고 느껴지면 명상을 멈춥니다. 그러면 모든 것이 정상적으로 실현됩니다. 강력한 황홀감에는 정신적인 통찰력의 체험(을)이 자연스럽게 수반됩니다. 전통적인 크리스천의 신비주의자들은 큰 황홀감의 절정에서 신과 하나 되는 체험을 겪었다고 보고하고 있습니다.

명상을 통한 복식호흡

1. 조용히 앉아 눈을 감고 천천히 깊은 호흡을 시작합니다. 가능하면 땅바닥에 꼿꼿이 허리를 펴고 앉는 것이 좋습니다.
2. 몸에서 배꼽 아래 약 2인치쯤 되는 곳에 주의력을 집중합니다. 이 부위 에너지, 즉 기가 모이는 곳으로 '단전'이라 하며 정신력을 집중하여 이곳의 느낌을 감지합니다.
3. 이 부위로 숨을 보내는데, 숨을 빨아들일 때 그곳을 확장시키고

숨을 내쉴 때 그곳을 수축시킵니다. 의식적으로 약 5분 이상 이 단전으로 호흡을 하며, 주의력과 에너지를 그곳에 집중시킵니다. 그래서 몸의 중심이 몸의 윗부분에서 단전으로 이동함을 느낍니다.

4. 단전으로 숨쉬기를 계속하며 자신을 뿌리를 땅 깊이 박는 나무라고 상상합니다. 단전에서 시작된 이 뿌리는 점점 자라나서 온 지상의 땅으로 퍼져 간다고 상상합니다.
5. 이 뿌리는 숨을 빨아들일 때 땅에서 단전으로 에너지를 끌어들인다고 느끼며, 숨을 내쉴 때 에너지가 뿌리를 통해 아래로 퍼져 나간다고 느낍니다. 5분 내지 10분 동안 숨을 마시고 내뱉으며 에너지의 순환을 계속 느끼고 상상합니다.
6. 당신의 단전이 에너지로 충전되고 강력해졌다고 느낄 때, 일어나서서 그날의 일과를 하기 위해 걸어 나갑니다.

2부

서가 산책

잠재심리의 힘

The Power of your Subconscious Mind

•

•

•

자기최면과 잠재의식을 연구하다가 한 연구기관의 추천으로 Joseph Murphy 박사가 쓴『The Power Of Your Subconscious Mind』를 접하게 되었습니다. 잠재의식에 대한 그의 설명은 저에게 너무나 감명을 주었습니다.

1부에서 저는 주로 자기최면심리의 원리와 응용에 대해 기술했는데, 이를 뒷받침해 줄 충분한 보조 자료라 생각되어 이 책을 발췌·수록하였습니다. 잠재의식에 대한 그의 섬세한 분석과 깊은 혜안은 모든 관심 있는 분에게 큰 공감을 일으키리라 믿습니다.

삶을 개선해 주는 잠재의식

인간의 정신생활의 대부분은 잠재의식에 의존한다고 합니다. 이 놀라운 잠재의식의 힘을 이용할 줄 모르면 당신은 아주 제한된 인생을 살고 있다고 볼 수 있습니다. 당신의 잠재의식은 당신 몸을 지탱해 주는 버팀목이며 모든 기관의 기능을 유지시켜 주면서 하루 24시간 잠자지 않고 일합니다. 그것은 당신의 생명 활동을 도와주며, 진취적이고 역동적이라 어떤 환경적 위해로부터도 당신을 보호해 줍니다. 또한 원대하고 고귀한 인생에 대한 영감이나 비전이 이 잠재의식에서 솟아 나옵니다.

당신의 잠재의식은 직관, 영감, 예지 그리고 아이디어로 당신에게 얘기합니다. 그것은 당신이 일어나고 사색하고 초험(超驗)적으로 묵상하고 기획하고 인생의 고지를 향해 전진하라고 계속해서 얘기합니다. 타인을 사랑하고 타인의 생명을 구하려는 의욕은 이 잠재의식에서 나옵니다.

언젠가 제가 살고 있는 아파트의 차고에서 불이 일어나 연기가 자욱하게 스며들어 왔습니다. 아파트에 거주하고 있던 모든 사람들이 대피하게 되었습니다. 그런데 평소 몸이 불편해 침대에 누워 있으면서 거의 환자 생활을 하던 노인들이 자욱한 연기 속을 뚫고 계단을 타고 뛰어나가는 것이었습니다. 그뿐만 아니라 몸이 성한 사람들은 옆방에 사는 장애자들을 둘러업고 뛰는 광경을 목격했습니다. 이렇게 다른 사람의 생명을 구하려는 격렬한 욕망이 부풀어져서 잠재의식이 그에 반응하게 되는 것입니다.

위대한 예술가며 음악가, 시인, 웅변가 및 저술가들은 그들의 잠재력에 주파수를 맞추어 작동하게 하는 것입니다. 모든 해학이나 위대한 글들은 잠재력의 저수지에 고여 있는 물을 잘 관리할 수 있는 능력의 결과라고 볼 수 있습니다.

성공의 파트너로서의 잠재의식

성공의 3단계

성공의 첫째 단계는 당신이 하기를 좋아하는 것을 찾아내어 그것을 하는 것입니다. 당신이 지금 하고 있는 그 일을 좋아하지 않는다면 온 세상이 당신의 성공에 찬사를 보내더라도 당신은 당신 자신을 성공적이라고 생각할 수 없게 됩니다. 당신이 당신의 일을 좋아할 때 그 일을 수행할 의욕이 생깁니다. 어떤 이가 정신병리학자가 되길 좋아했다면 그 사람은 졸업장을 받고 벽에 그것을 걸어 두는 것으로 만족하지 못하고 자기 분야를 더 연구하기 위해 세미나에 참석하며 임상연구를 하는 등 새로운 과제를 계속 연구하고자 합니다.

가끔 자신이 노력하고 연구할 분야가 어딘지 잘 모르겠다고 하는 사람들을 만납니다. 이런 사람들은 다음과 같은 방식으로 기도하세요. 즉, 나의 무의식 속의 무한한 지혜가 내 인생의 좌표를 일으켜 주십사하고 기도를 합니다.

깊은 마음의 심연에 대고 조용히 적극적으로 이 기도를 되풀이합니다. 당신이 신뢰와 믿음을 가지고 이를 지속하면, 어떤 일정한 방향으로 하나의 감정이나 취향의 형태로 해답이 나오게 되어 있습니다. 분명하고 편안하게 그리고 내적인 침묵된 신호로 나타납니다.

성공의 두 번째 단계는 어떤 특수한 분야의 전문가가 되기 위해 노력하는 것입니다. 예로 어떤 학생이 전공과목으로 화학을 선택합니다. 그는 그 분야에만 정신을 집중하고 시간과 에너지를 쏟습니다. 그의 열정은 자기 분야에 관한 모든 것을 섭렵하게 합니다. 그 사람은 다른 사람들보다 자기 분야에 더 많은 지식을 습득하려고 하며, 젊은이라면 자기 일에 더욱 관심을 깊이 갖고 그것을 가지고 사회에 봉사하고자 합니다. 인생을 창조적으로 살겠다는 사람과 주어진 여건대로 대강대강 살겠다는 사람의 차이는 매우 크다고 봅니다.

성공의 삼 단계는 가장 중요한 단계입니다. 당신이 원한 것이 당신만의 성공에만 국한된 것이라고 생각하지 말아야 합니다. 당신의 의욕이 이기적이 되어서는 안 됩니다. 인간사회에 도움이 되어야 합니다. 성공의 온전한 회로가 형성되어야 합니다. 다른 말로 바꾸면, 당신의 아이디어가 세상에 봉사하거나 축복하는 목적으로 나타나야 한다는 것입니다. 그러면 그것은 당신에게 더 큰 축복을 가져다준다는 것입니다. 당신만의 유익을 위해 일한다면 필수적인 회로를 이룩하지 못하여 외형적으로는 성공한 것 같으나, 당신 인생에서 형성된 단선회로가 시간이 지나면서 한계에 다다라 병약해지기 마련입니다.

과학자들의 무의식 활용

많은 유명한 과학자들은 이 무의식의 중요성을 잘 알았습니다. 에디슨이나 말코니 및 아인슈타인 같은 천재들은 그들의 목표 달성을 위한 통찰과 연구에 이 무의식을 활용하였습니다. 이 무의식의 힘을 활용하는 능력이 그들이 위대한 업적을 이룩하는 주요 요인 중의 하나였습니다.

유명한 화학자인 Friedrich 박사는 벤젠이라고 불리는 탄화수소의 화학구조를 알기 위해 오랫동안 노력해 왔습니다. 그러나 그 문제의 실마리가 풀리지 않아 지쳐 쓰러진 그는 그 문제를 온전히 무의식에 던져 버리고 말았습니다. 그러고는 어느 날 곧바로 런던으로 가는 버스를 타고 가는데, 무의식이 갑작스런 영감을 의식에게 보낸 것입니다.

그는 하나의 뱀이 그 자신의 뒤꽁무니를 물고서 팽이처럼 도는 영상을 의식 속에서 보았습니다. 이런 무의식적인 메시지가 그의 연구에 힌트를 주었습니다. 그는 오랫동안 씨름해 오던 벤젠으로 알려진 원자의 변형배열에 대한 해답을 이 영감 같은 힌트에서 얻었습니다.

전기 분야의 권위자인 Tesla는 어린이들이 좋아하는 Tesla Coil을 발명하여 박물관에 전시해 두었는데, 사람 몸이 닿기만 하면 정전기가 생겨 머리카락을 꼿꼿하게 서게 합니다. Tesla는 새로운 에너지의 개념을 창안해 냈는데, 이는 당시로는 사뭇 혁신적인 개념이었습니다.

Tesla는 잠재의식의 힘을 확신을 갖고 사용했습니다. 그는 새로운 발명이나 발견에 대한 아이디어가 떠오르면 거기에 대한 상상력을 무의식 속에 집어넣는다고 생각했습니다. 그는 무의식이 필요한 모든 부분을 의식을 통해 재구성한다는 것을 알았습니다. 모든 가능한 개발을 조용히 살피고 결함을 수정하면서 귀한 시간을 효용성 있게 사용하였습니다. 그는 언론 인터뷰에서 이렇게 말했습니다. "내가 상상한 대로 연구가 잘 진행되었으며 20년 동안 한 번도 실수한 예가 없었습니다."라고.

유명 생물학자 Agassiz의 체험

하버드대학의 Agassiz 교수는 19세기 미국의 저명한 생물학자인데, 그는 잠자는 동안 무의식의 강한 힘을 발견하였습니다. 그의 미망인이 쓴 Agassiz의 전기에서 그 실례를 알 수 있습니다.

그는 돌바닥에 숨어 있는 화석물고기의 생태를 알기 위해 연구에 몰두했으나, 결과를 얻지 못하고 몹시 지쳐서 그 연구 과제를 포기하려 했습니다. 어느 날 잠을 자는데, 꿈속에서 그 물고기가 나타났습니다. 그는 깨어나서 아무리 모양을 생각해도 그 모양이 떠오르지 않았습니다.

그는 하루는 펜과 종이를 머리맡에 두고 잠자리에 들어갔습니다. 역시 꿈속에서 그 물고기가 나타났습니다. 그는 비몽사몽간에 깨어나서 잠결에 머리맡에 둔 종이와 펜을 찾아 그 모양을 그렸습니다. 그 후 어느 날 숨어 있던 물고기가 돌바닥에서 완전히 노출되었을 때, 그 물고기의 모양이 종이에 그려져 있는 모양과 똑같았습니다.

당뇨병을 해결한 내과의사

1920대 캐나다의 저명한 내과의 Banting 박사는 당뇨병 연구에 몰두하고 있었습니다. 당시 의료계는 그 병을 고치는 데 아무런 효과적인 방법을 찾아내지 못하고 있었습니다. 그는 어느 날 밤 오랜 연구에 지쳐 잠이 들었습니다. 그가 잠을 자고 있는 동안 잠재의식이 개의 퇴화된 췌장의 도관에서 잔재물을 추출하도록 하는 영감을 주었는데, 그것이 수많은 사람을 구한 인슐린 발견의 당초가 되었습니다.

잠재의식에는 시간과 공간의 제약이 없습니다. 당신이 해답을 얻을 수 있다고 믿으면서 잠자리에 드십시오. 해답을 얻기 위해 기다리지 말고 결과가 오는 것에 믿음을 가지십시오.

소비에트 수용소를 탈출한 과학자

저명한 전자공학자인 Lothar 빅사는 2차 대전 중 소비에트 수용소에 갇히는 몸이 되었습니다. 그는 살아남아서 도피하겠다는 신념을 잠재의식에 심었습니다.

나는 러시아의 탄광에 포로로 있었습니다. 그리고 포로수용소 주변에서 많은 사람들이 죽어 나가는 것을 보았습니다. 간단한 신체검사 후 각자에게 채탄량이 할당되었는데, 저에게는 일일 300파운드가 할당되었지요. 이 할당량을 채우지 못하면 식사량이 줄어들어 죽고 맙니다.

나는 도망갈 궁리에 몰두했습니다. 나는 나의 잠재의식이 어떤 방도를 찾아 줄 것이라는 것을 믿었습니다. 독일에 있는 나의 집은 풍비박산이 되어 가족들이 뿔뿔이 헤어졌고 내 친구와 동료들은 죽거나 수용소에 수감되어 있었습니다. 나는 무의식을 향해 말했습니다. "나는 LA에 가고 싶다. 거기서 새 방도를 찾겠다."
나는 LA의 그림을 보고 빌딩과 거리 하나하나를 기억했습니다. 매일 나는 전쟁 전 베를린에서 만났던 미국 소녀와 윌셔거리를 걷고 있다고 상상했습니다. 상상으로 우리는 가게에 가고 버스를 타고 식당에서 식사를 했습니다. 매일 밤 나는 미제 자동차를 타고 거리를 돌아다녔습니다. 나는 이를 현실로 겪는 것처럼 생생하게 상상했습니다. 나의 맘속의 그림은 수용소 밖에 서 있는 푸른 나무처럼 현실적이었습니다.
어느 날 감시가 소홀한 틈을 타서 도망을 시도했으며, 마침 지나가는 폴란드행 화물열차에 올라타 폴란드로 탈출하게 되었습니다. 어느 독지가의 도움으로 LA에 오게 되었는데, 그곳에서 러시아 탄광에서 오랫동안 상상했던 거리와 건물을 만나게 되었습니다. 나는 전에 LA에 왔던 사람처럼 느껴졌습니다.
잠재의식의 경이한 힘에 놀라지 않을 수 없었습니다. 여러 가지 문제를 해결해 줄 수 있는 길이 잠재의식에 연결되어 있다는 것을 나는 깨달았습니다.

잠재의식에서 지침을 읽는 방법

- *맘과 몸을 정숙하게 한다. 몸이 이완되도록 한다. 당신 몸이 정서적인 Disk가 되어 당신의 믿음과 인상을 기록해 줍니다.*
- *당신의 주의력과 생각을 문제 해결에 집중합니다.*
- *'완전한 해결이 이루어지면 얼마나 행복할까?'라고 생각합니다. 완전한 대답이 이제 나왔다는 느낌을 가집니다.*
- *이완된 상태에서 행복감과 만족감을 만끽합니다. 그런 다음 잠에 빠집니다.*

잠재의식에서 어떤 지침을 갖기 위해서는 단순한 것이 최선의 방법입니다. 이런 실례가 있습니다. 필자는 가보인 귀중한 반지를 잃은 적이 있습니다. 아무리 찾으려 해도 못 찾아 애를 먹었는데, 어느 날 나는 사람에게 말하는 것처럼 잠재의식에게 말을 걸었습니다. "너는 다 알고 있지, 어디 있는지 나에게 알려다오."라고.

한날 아침에 잠에서 깨어났을 적에 나는 갑자기 고막을 울리는 소리를 들었습니다. "로버트에게 물어봐."라고. 로버트는 우리 이웃에 사는 9살 난 소년이었습니다. 그가 어떻게 내 반지가 있는 곳을 안단 말인가, 참으로 이상하다고 생각하면서 그 직관의 목소리에 따랐습니다. 밖으로 나가 자기 집 뜰에 서 있는 로버트를 발견하고 물어보았습니다. 그는 그런 반지를 숨바꼭질하다가 발견하고는 자신의 서랍에 넣어 두었다고 했습니다. 그 이후 나는 잠재의식은 당신이 믿으면 답을 준다는 것을 알았습니다.

사람들은 하루 24시간 중 8시간을 잠잔다고 하면, 인생의 3분의 1을 잠으로 보낸다고 할 수 있습니다. 이건 철칙이며 신성한 법칙이지요. 우리 문제의 많은 회답이 우리가 깊이 잠자고 있을 때 찾아옵니다.

하루의 생활에 지친 우리는 잠을 자서 몸 전체를 쉬게 합니다. 우리는 수면 중에 휴식과 보충 과정에 의한 회복이 일어나고 있다고 생각하는데, 이것은 커다란 오해입니다. 수면 중에 몸의 어떤 부분도 쉬지 않고 있습니다.

심장과 폐를 위시한 모든 몸의 기관들이 수면 중에 작동하고 있지요. 잠자기 전에 음식을 섭취했다면 그 음식은 소화기관을 통해 소화되어 산화작용을 하고 있습니다. 당신의 피부는 땀을 분비하며, 당신의 손톱과 머리카락은 자라고 있습니다. 마찬가지로 당신의 무의식도 쉬지 않으며 잠도 자지 않습니다. 항시 활동하며 당신의 모든 활력을 통제하고 있습니다.

잠자는 동안 치유 과정이 급속히 일어나는데, 이는 의식으로부터 아무 장애도 받지 않기 때문입니다. 당신이 잠자고 있는 동안 뚜렷한 해답이 당신에게 다가옵니다. 잠의 연구가인 Bigelow 박사는 밤에 잠자는 동안 눈, 코, 귀 및 기타 피하신경계에 연결된 감각기관을 통해 일정한 형상을 가질 수 있다는 것을 알아냈습니다. 그는 잠이란 영혼의 어떤 부분이 고차적인 성질의 것에 연관되게 하고 신이 지혜나 예지에 참

여하게 하는 과정이라고 말했습니다.

온종일 당신의 의식은 투쟁, 경쟁, 낭패 등과 연관되어 지쳐 있기 때문에 일정 시간 동안은 감각적인 대상과 객관적인 세계에서 물러나서 묵묵히 무의식의 내적 지혜와 소통하는 것이 필요한 경우가 있습니다.

우리가 감각적인 대상, 즉 일상생활의 소음과 혼란 등에서 규칙적으로 물러설 수 있는 것은 이 잠이라는 형식을 통해서입니다. 다시 말하면, 당신은 감각의 세계에서 잠에 빠져 잠재의식의 지혜와 힘을 받아 활동하게 되는 것입니다. 잠이 부족하면 정신이 몽롱하고 침울하고 기분이 저하됩니다. 모든 건강한 인간에게는 6시간의 잠이 필요하다고 합니다. 대부분의 사람들은 그 이상을 자지요. 수면 중에 정신적으로 재충전되며 적절한 수면은 인생에 기쁨과 생명력을 만들어 줍니다.

몇 시간을 덜 잔 사람들은 '일시 휴식'이라는 틈새낮잠을 시작합니다. 이는 한 시간에도 몇 번이나 일어납니다. 그럴 때는 실제 잠처럼 눈꺼풀이 닫히고 뇌파가 아주 느려집니다. 잠의 손실시간이 많을수록 이 틈새낮잠을 자주 겪게 되고 2–3초 동안, 아니 더 오래 계속되기도 합니다. 폭풍우 중에 비행기를 운항하는 비행사조차도 몇 초 동안의 틈새 낮잠을 피할 수 없다고 합니다.

LA에 사는 Sandra라는 젊은 여성은 어느 뉴욕 방송국의 라디오 토크쇼에 출연하면 급료를 2배로 올려 주겠다는 오퍼를 받았다고 합니다. 그녀는 그 새로운 직장을 수락해야 할지 결정을 내리지 못했습니다. 그녀는 잠들기 전에 이렇게 기도했습니다.

"나의 잠재의식의 창의적인 지혜는 무엇이 나에게 최선인지 압니다. 그 지혜는 당시 나의 생활에 지향적이고 올바른 결정을 주며 나를 축복해 줍니다. 이제 나에게 올바른 해답을 주면 감사하겠습니다."

그는 잠에 빠지면서 잠꼬대처럼 되풀이하여 이 단순한 기도를 반복했습니다. 아침에 그녀는 좋은 조건의 이 제안을 받지 말라는 어떤 느낌을 지속적으로 받았습니다. 그래서 그녀는 그 제안을 거부했다고 합니다. 그 직장에서 오퍼 받은 수개월 후, 그 회사는 부도가 났다고 합니다.

의식은 객관적으로 알려진 사실에 정확할 수 있습니다. 그러나 그 회사의 문제를 실감하고 그녀를 움직이게 한 것은 잠재의식의 직관적인 기능이었습니다. 잠들기 전 올바른 행동에 대해 기도하면, 당신의 잠재의식의 지혜가 당신을 인도하고 보호합니다. 내 친구가 수년 전 극동지역 담당부서를 오퍼 받았는데 다음과 같이 올바른 결정을 하기 위해 기도를 했습니다.

"내 속에 있는 무한한 지혜는 모든 것을 알고 있습니다. 올바른 결정이 나에게 신성한 진리로 나타나 주십시오. 나는 그 대답이 나타나면 받아들이겠습니다."

나는 이 간단한 기도를 잠들기 전 자장가처럼 되풀이하며 기도하였습니다. 그날 밤, 나는 한 친구가 내게 오는 꿈을 꾸었습니다. 그는 신문을 꺼내 놓고 말하기를, "이걸 읽어 봐, 가지 마라."신문의 헤드라인은 폭력, 폭동 및 전쟁의 이야기로 가득 차 있었습니다. 나는 물론 그 지역 발령을 거부한 며칠 후 그곳에 무서운 전쟁이 발발하였던 것입니다.

또한 친구인 그는 몽상가였습니다. 그의 지속적인 습관은 그가 잠자기 전 밤에 잠재의식에 어떤 특별한 지시를 주는 것 이었습니다. 그가 잠자고 있을 때, 자기에게 어떤 상황을 전개해 줄 것을 잠재의식에 요구하였습니다. 예를 들면 은행잔고가 바닥이 났을 때, 그의 잠재의식에 대한 명령은 이런 것이었습니다. "놀랄 만하고 이익이 될 만한 재미있는 스릴소설을 나에게 다오."라고 지시하면 잠재의식이 크게 반응한다는 것입니다.

불면증으로 고생하고 있다면 다음과 같은 기도가 효과적입니다. 잠자기 전 천천히 조용히 기꺼이 다음과 같이 되풀이해 보십시오.

"발가락이 이완되고 발목이 이완되고 배의 모든 근육이 이완되고 있습니다. 나의 심장과 폐도 이완되고 있습니다. 내 손과 팔도 이완되고 목도 이완되고 뇌도 이완되고 얼굴도 이완되고 눈도 이완되어 나의 온몸과 맘이 다 이완되고 있습니다.
나는 완전히 자유스럽게 모든 것을 용서하며 나는 화평과 건강스러운 모든 인생의 축복을 기원합니다. 나는 평화스럽고 조용하고 정

숙하게 몸을 가누고 있습니다. 커다란 정적이 나를 지배하며 내가 나 속에 내재한 실재를 실감하듯 온 정력이 나의 모든 존재를 조용하게 합니다. 나는 인생의 실현과 사랑이 나를 치유함을 압니다. 나는 사랑의 망토를 뒤집어쓰고 모든 것을 위한 선 의지를 갖고 잠에 빠집니다. 밤에는 평화스러움이 나를 감싸고 아침에는 생명력과 사랑을 가득 머금고 깹니다. 사랑의 원이 내 주위를 감싸 안습니다. 나는 평화 속에 잠자고 기쁨 속에 깹니다."

잠재의식과 결혼

결혼은 튼튼한 정신적 기초 위에서 시작되어야 한다고 생각합니다. 정직, 성실성, 친절, 고결함이 모두 사랑의 한 면을 이루고 있다고 봅니다. 부부는 정직해야 하며, 서로를 완전히 신뢰해야 합니다.

자신의 이익을 위하고 금전을 공유하거나 사회적 위치를 탐해 결혼한다면 그건 진정한 결혼이라 할 수 없습니다. 그런 결혼은 가장이고 가면이고 익살이고 수치스러운 대상입니다. "난 일에 지쳤어. 결혼이나 해서 편히 지내야지."라고 말하는 여인이 있다면 그녀의 결혼관은 헛된 우상을 쫓는 일이 되고 맙니다. 그녀가 그런 우상에 이끌려 있다면 의식과 잠재의식의 상호관계를 이해하고 그것을 사용하는 것이 급선무입니다.

어떤 면에서 부라고 하는 것은 배우자나 양친 또는 다른 어떤 사람과 독립되어 이루어져야 한다고 봅니다. 어느 누구도 건강, 화평, 기쁨, 영감, 지혜, 사랑, 부유함, 행복, 아니 이 세상 어떤 것을 위해서든 배우자에 의존하는 것은 곤란합니다. 마음의 안정과 화평은 각자 자신의 능력을 알고 마음이 자연스럽게 생산적으로 끊임없이 움직이도록 하는 데 있습니다.

이상적인 남편을 선택하는 법

앞장에서 연구한 대로 당신은 잠재의식이 작용하는 방법에 이제 익숙해져 있습니다. 이 세상에서 체험한 모든 것을 통해 잠재의식에 인생이 새겨져 있다는 것을 당신은 압니다. 당신이 희망하는 사랑의 성품이나 조건 등을 잠재의식에 강하게 새기기 시작하세요.

다음과 같은 방법은 아주 뛰어난 기술이지요. 밤에 필길이 걸상에 앉은 다음 눈을 감으세요. 그대로 있으면서 몸을 이완시킵니다. 아주 조용히 피동적이고 수용적인 맘가짐을 가지십시오. 그리고 당신의 잠재의식에 이렇게 말하세요.

"나는 정직하고 성실하며 믿음직스럽고 화평하며 전도유망한 한 사람을 나의 체험 속에 끌어들이려 하고 있습니다. 내가 희망하는 이런 성질의 것들이 이제 나의 잠재의식 속에 녹아 들어가고 있습니다. 내가 이런 성질의 것들에 집착할 때 이런 성질의 것들이 나

의 몸의 구성 부분이 되어 잠재의식 속에 구현되고 있습니다. 나는 그의 행복을 위해 봉사할 수 있다고 느낍니다. 그는 나의 이념을 좋아하며 나도 그의 이념을 좋아하며 따릅니다. 나는 그가 오버하게 행동하지 않기를 원하며 그도 내가 오버하지 않기를 바랍니다."

위의 과정을 당신의 잠재의식에 새겨지도록 되풀이합니다. 그러면 당신은 정신적으로 짐작했던 성질의 것을 갖춘 사람을 당신의 잠재의식 속으로 끌어들이게 됩니다. 그래서 당신의 잠재의식은 문을 활짝 열어줘 거기서 둘은 잠재능력의 흐름을 타고 만나게 됩니다.

이상적인 아내를 선택하는 법

당신이 찾는 인생의 반려자를 끌기 위해 다음과 같이 긍정적인 사고를 되풀이합니다. 이제 당신은 당신과 온전히 코드가 맞는 여인을 선택합니다. 이는 인격을 통한 신성한 사랑의 나눔에서 오는 정신적인 결합체를 이룩하는 것입니다. 당신은 당신의 잠재의식에게 이렇게 말합니다.

"나는 이 여인에게 사랑과 인생의 빛과 평화와 기쁨을 줄 수 있다. 나는 이 여인의 삶을 충분하고 완전하고 훌륭하게 할 수 있다. 그녀가 다음과 같은 성질의 것들과 속성을 소유하고 있다고 나는 선언한다. 그녀는 활력 있고 정성스럽고 믿음직스러우며 진실하다고. 그녀는 조화롭고 평화스러우며 행복하다고. 우리는 서로에게

압도적으로 끌려 있으며 나는 나의 이상적인 동반자를 이제 받아 들인다."

그러면 당신의 깊은 잠재의식의 흐름은 당신들을 신성한 질서 속으로 이끌게 됩니다.

이혼을 해야 하나

이혼이란 전적으로 개인적인 문제입니다. 모든 이에게 딱 들어맞는 해답은 없습니다. 경우에 따라서는 이혼이 해결책이 될 수 없으니까요. 이혼이 한쪽에는 맞을지 모르나, 다른 쪽에는 안 맞을 수도 있습니다. 많은 결혼한 사람들보다 이혼한 사람들이 더 성실하고 우아스럽다는 말은 거짓입니다. 결혼이란 신성하며 영원하며 이혼은 비도덕이라고 믿으며 자라 온 여인이 있을 수 있습니다.

나는 진실한 결혼이란 맘을 주고받는 것이어야 한다고 했습니다. 두 사람의 마음이 조화롭고 사랑스럽고 성실하게 결합되어야 그것이 진정한 결혼이라고 말입니다. 마음에서 우러나오는 순수한 행동은 사랑입니다. 당신의 영혼의 심연 속에서 당신에게 들려오는 영혼의 목소리에 귀를 기울이세요. 당신에게 조용하고 평화스럽게 소곤거릴 것입니다.

이혼의 시발점

나는 결혼한 지 수개월밖에 안 됐는데 이혼을 생각하고 있는 한 젊은 이를 만났습니다. 그 젊은이는 자기 아내가 자기를 떠나지 않을까 항상 두려워하고 있었습니다. 그는 그럴 상황을 예상하며 그녀가 자신을 불신하고 있다고 믿었습니다. 이런 생각이 그의 마음을 사로잡아 그런 강박관념에 빠지게 되었습니다. 그의 정신은 별거와 의심 사이를 왔다 갔다 했습니다.

그녀로서도 아무런 반응을 느끼지 못하고 있는 상태이며, 오로지 그 남자의 일방적 감정상태에 불과했습니다. 잠재의식을 통해 작동하는 이별의 분위기가 하나의 행동이나 생태를 만들어 내었습니다. 생각은 작용이고 무의식의 반응은 반작용입니다. 작용과 반작용, 원인과 결과의 법칙에 따른 것입니다.

그가 늘 두려워하고 믿어 왔던 이혼을 그녀가 요청하기에 이르렀고, 결국은 그녀가 집을 떠나고 말았습니다.

이혼은 마음에서 시작

이혼은 첫째, 마음속에서 일어납니다. 법적 절차는 그 후에 따릅니다. 어느 두 젊은이는 분노, 화남, 의심으로 꽉 차 있었습니다. 이런 행태들은 사람의 존재를 약화시키고 무기력하게 하고 의기소침하게 합니다. 그들은 미움은 둘을 갈라놓고 사랑은 결합시킨다는 것을 잘 압니다. 그들은 그들 마음속에 무엇이 일어나고 있는지를 실감하기 시작합니다. 그들 중 아무도 정신의 작용법칙을 모릅니다. 그들은 마음을 잘못 움직여서 혼란과 비참한 상태를 만들고 있습니다.

이들 부부에게는 함께 가서 기도치료를 해 보도록 권했습니다. 그들은 서로에게 사랑, 화평 및 친밀함을 보여 주기 시작했습니다. 그들은 각자 상대방에게 화합, 건강, 화평 그리고 사랑을 베풀기 시작했으며, 매일 밤 시편의 한 구절을 낭독했습니다. 이렇게 노력한 결과, 그들의 잠재의식이 유익한 충격과 어우러져 점점 그들의 결혼 생활이 아름다워지기 시작했습니다.

잔소리하는 아내

많은 경우, 아내가 잔소리하는 이유는 그녀가 전혀 관심을 못 받는 데서 옵니다. 자신으로부터 멀어져 가는 애정과 사랑을 갈망하는 한 가지 다른 표현입니다. 당신의 아내에게 관심과 주의를 기울이고 감사를 표현하십시오. 그리고 그의 많은 장점을 칭찬하고 북돋아 주십시오. 각자의 소소한 결함이나 실수를 잡으려 하지 말고, 상대방에게 그 놀라운 좋은 장점들에 관심을 가지고 칭찬해 주십시오.

생각에만 잠기는 남편

아내가 말했거나 행동한 것 때문에 그녀에게 냉담하거나 말없이 묵묵하게 있다면, 이는 남편이 그녀를 심리적으로 간음한 것이라 볼 수 있습니다. 간음의 의미 중 하나는 'idolatry'인데 이는 부정적이고 파괴적인 것과 연관되어 있습니다.

한 남자가 그의 아내한테 화가 나 있거나 적개심으로 말이 없다면 그는 신뢰할 만한 인간이 아니지요. 일평생 사랑하고 아끼고 존경한다는 결혼서약은 더 이상 믿을 수 없게 됩니다. 말없고 무뚝뚝하고 화 잘 내는 남자는 그의 화와 분을 삼켜 버리고 사려 깊고 친절하고 상냥한 태도로 바꾸어야 합니다. 그는 칭찬과 많은 정신적인 노력으로써 반감을 나타내는 습성에서 벗어날 수 있습니다. 그가 화평, 화합 및 사랑으로 그의 잠재의식을 적실 때, 그의 아내뿐 아니라 세상의 모든 사람들과 잘 지낼 수 있게 됩니다.

커다란 착오

당신의 결혼 문제나 어려움을 이웃이나 친척과 의논하는 것은 큰 착오입니다. 한 아내가 한 이웃에게 다음과 같이 말했다고 가정해 봅시다.

"존은 내 어머니를 가증스럽게 대우하며 지나치게 술을 마시며 중독이 되어 있고 주위 사람들을 모욕하곤 합니다."

이렇게 말하는 아내는 자기 남편을 모든 사람들에게 폄하하고 무시하고 있습니다. 더 나아가 자기 남편의 약점을 들추어 말할 때 그녀는 자신 속에 실제로 그런 상태를 만들어 내고 있습니다. 어떤 누군가가 그렇게 생각하고 느끼고 있으니까 그녀 자신도 그렇게 생각하고 느끼는 것입니다.

친척들은 보통 당신에게 틀리게 충고합니다. 그 충고들은 비개성적인 방식으로 주어지기 때문에 보통 왜곡되어 있거나 편견으로 이루어져 있습니다. 건전한 사회 이치나 법칙을 그르치는 모든 충고는 좋을 수도, 건전할 수도 없습니다. 개성을 가진 인간으로서 두 사람은 성격상의 충돌이나 마음의 상처나 흠집 없이 한 지붕 아래 살지 못한다는 것을 기억하는 것이 좋습니다.

당신의 친구에게 당신 결혼의 불행한 면을 열거하지 마십시오. 당신의 갈등은 당신에게만 달라붙어 있게 하십시오. 당신 배우자를 비판하거나 험담하는 것을 억제하십시오.

남편과 아내들은 재생의 어려움

그들 배우자들의 됨됨이를 고쳐 새로운 사람으로 재생하려 해서는 안 됩니다. 이런 무모한 행동은 항상 바보스럽고 결혼을 파탄에 이르게 할 뿐입니다. 어떤 사람의 언동을 바꾸려는 시도는 자존심을 해치며 결혼의 고리에 해가 되는 반감이나 화를 일으킵니다.

물론 조정이 필요하지요. 그러나 우리는 완전하질 않으며 결혼한 상대 배우자들도 마찬가지입니다. 당신 자신의 맘속을 들여다보고 스스로의 성격과 행동을 연구해 본다면, 당신은 많은 결점을 발견하고는 생활태도를 바꾸기에 급급할 것입니다.

만약 당신이 "나는 상대방을 내가 원하는 대로 만들고야 말 거야!"라고 생각한다면, 이혼법정에 갈 정도의 대단히 큰 트러블을 만들어 내고 있는 것입니다. 당신은 불행을 자초하고 있는 셈입니다.

함께 기도하고 함께 노력함

첫 단계, 조그마한 실망에서 오는 동요를 날마다 축척해서는 안 됩니다. 밤이 되어 침실로 물러가기 전에 어떤 민감한 문제에 대해서는 서로에게 용서하도록 합니다. 아침에 잠에서 깨는 순간 당신의 무한히 잠재되어 있던 정보가 당신이 원하는 옳은 방향으로 인도하고 있다고 상상해 봅니다. 당신의 배우자에게, 온 가족들에게, 더 나아가 온 세상에 평화·화합·사랑에 대한 당신의 진정 어린 감정을 보냅니다.

두 번째 단계, 아침 식사 시간에 은총에 대해 말하십시오. 훌륭한 식사에 대해, 당신의 넉넉한 삶에 대해, 그 모든 축복에 대해 감사를 보내십시오. 어떠한 문제도, 근심거리, 논쟁도 식탁의 대화에 끼어들지 않도록 하십시오. 아내나 남편에게 이렇게 말하십시오. "당신이 한 모든 행동에 감사합니다. 그리고 하루 종일 당신에게 사랑과 친절을 보냅니다."라고….

세 번째 단계, 남편과 아내는 매일 밤 교대로 기도합니다. 상대방에게 소홀해서는 안 됩니다. 감사와 사랑을 나타내야 합니다. 비난이나 평판이나 잔소리는 하지 말아야 합니다. 평화스런 가정과 행복한 결혼을 만드는 방법은 사랑, 아름다움, 조화, 상호존경, 신앙심 및 선한 모든 것을 활용하는 것입니다. 잠들기 전 많은 종교가들이 쓴 영적인 작품이나 영감을 주는 문학작품이나 그대로 인류의 지침이 되어 온 철학 서적들을 읽도록 하십시오. 이런 진실을 실천할 때 당신의 결혼 생활은 해마다 더욱더 축복으로 가득 찰 것입니다.

잠재의식과 행복

미국의 위대한 철학자 William James는 19세기의 위대한 발견은 물리학에 있지 않고 믿음에 영향을 주는 잠재의식의 힘의 발견에 있다고 말했습니다. 그것은 세상의 문제를 해결하는 무한한 힘의 저수지라고 했습니다.

진실되고 지속성 있는 행복이란 어떤 취약점을 극복할 수 있다는 실감을 가지는 그날에, 즉 당신의 잠재의식이 당신의 문제를 해결하고 당신의 몸을 치유하고 당신의 꿈을 실현할 수 있음을 실감하는 그날에 당신의 잠재의식의 힘이 인생 속으로 들어온다고 볼 수 있습니다. 그 힘이 당신의 꿈의 파트너가 되었을 적에 당신은 행복감을 누리게 되는 것입니다.

대학을 졸업했을 때, 결혼을 했을 때, 첫아이를 낳았을 때, 당신이 우수상을 탔을 때 행복을 느꼈을 것입니다. 당신을 행복하게 한 다른 여러 체험들을 생각해 내어 열거할 수 있을 것입니다. 이러한 체험들은 훌륭한 멋진 체험들이지만 지속적인 행복감을 주지 못하는 일시적인 것이지요. 성경의 잠언편이 좋은 해답을 주고 있습니다.

당신이 당신의 인생방향을 인도하고 지도하고 지배하도록 주(잠재의식의 힘과 지혜를 관장함)를 믿을 때, 당신은 맘의 평형을 유지하고 맘이 화평하며 이완되고 있는 것입니다. 당신이 사랑, 화평 및 친절을 모든 이에게 베풀 때, 당신은 당신의 온 생애를 위한 행복의 기초를 정말로 세우고 있는 것입니다.

당신은 행복을 선택해야 합니다

행복이란 마음의 상태입니다. 성경에 이런 구절이 있습니다. 당신이 봉사할 사람을 위해 이날을 선택하라고. 당신은 행복을 선택할 자유를 가졌습니다. 이것은 몹시도 단순하게 보입니다. 그런 자유를 선택하지 못하는 것이 행복에 이르는 길에서 사람들이 비틀거리는 이유입니다. 사람들은 행복에 이르는 단순한 키를 알지 못하고 있습니다.

인생에서 가장 위대한 것은 단순하고 역동적이고 창조적인 것으로 복지와 행복을 만드는 것입니다. 성 바울은 당신의 삶을 어떻게 하면 역동적인 힘과 행복함으로 가득 찬 삶으로 만들 수 있는가를 이러한 말로 표현하고 있습니다.

> *"끝으로 형제들아 무엇에든지 참되며 무엇에든지 경건하며 무엇에든지 옳으며 무엇에든지 정결하며 무엇에든지 사랑받을 만하며… 이것들을 생각하자."*(빌립보서 4:8)

행복의 선택법

이제 행복을 선택하기 시작합니다. 이렇게 합니다. 당신이 아침에 눈을 떴을 때 당신 자신에게 이렇게 말합니다.

"신성한 질서가 오늘, 아니 매일매일의 삶을 장악합니다. 오늘 나를 위하여 모든 것이 선한 것을 향해 함께 작동합니다. 나에게는 이 오늘이 새롭고 경이로운 날입니다. 나에게는 이 하루와 같은 날이 다시 있을 수 없습니다. 나는 온종일 신성하게 인도되며 내가 하는 모든 일은 무엇이든지 번창합니다.

신성한 사랑이 내 몸을 둘러싸고 나는 평화스럽게 앞으로 나아갑니다. 내 주의력이 선하고 건설적인 방향에서 벗어나면 즉각 나는 사랑과 선의 방향으로 유턴하여 돌려보낼 것입니다. 나의 주의력은 축복하고 번성하게 하는 모든 것을 끌어들이는 정신적이고 영적인 지남철입니다.

나는 오늘 모든 일을 성공적으로 이끌어 갈 것입니다. 나는 오늘 하루 종일 행복한 감정에 젖어 일을 해 나갈 것입니다. 이런 태도로 매일매일을 시작하면 나중에 당신은 행복을 선택하여 밝고 활달하고 기쁨에 넘치는 사람이 될 것입니다."

행복해진다는 습관 만들기

수년 전, 나는 아일랜드의 서부 해안의 소도시 Conneillarra에 머문 적이 있습니다. 나의 집주인은 항상 노래하고 휘파람을 불며 좋은 기분에 싸여 있었습니다. 나는 그에게 행복의 비결이 무엇이냐고 물었습니다. 그는 이렇게 대답했습니다.

"그것은 나에게 하나의 습관처럼 되어 있어요. 내가 잠에서 깨어났

을 때나 밤에 침실에 들어갈 때, 나는 나의 가족, 나의 수확물, 나의 가축에 대해 축복하며 하나님에게 감사하지요."

이 농부는 40년 이상 이를 실천했습니다. 아시는 바와 같이 규칙적이고 체계적으로 되풀이된 생각들은 잠재의식에 녹아 들어가서 습관이 되었던 것입니다. 그는 행복이란 하나의 습관이라는 것을 발견한 셈이지요.

행복해지기를 희망하기

행복해지기 위해 기억해야 할 중요한 요령이란 것은 없고, 당신은 행복해지기를 신중히 바라야 합니다. 오랫동안 의기소침하고 기가 죽어 살아온 사람은 갑자기 놀랄 만한 행복한 소식을 들으면 오히려 "그렇게 행복한 일이란 일어날 수 없어."라고 자포자기하는 모습을 본 적이 있는데, 이런 사람은 가정에서 행복이라는 것을 느끼지 못하는 정신적 낡은 테두리에 그들이 이미 익숙해져 있는 의기소침하고 불행한 심리상태에 머물고 있습니다.

내가 아는 영국의 한 노파는 여러 해 동안 관절염을 앓았습니다. 그녀는 자신의 무릎에 패드를 대면서 말하기를 "오늘은 내 관절염이 심한 것 같은데, 밖에 나가지 못하겠구나. 젠장, 괴롭네."라고 중얼거립니다. 그녀는 아픈 상태에 따라 그녀의 아들·딸·이웃들이 돌보곤 했는데, 그녀는 관절염이란 병을 원했고 그 괴로움을 그냥 즐기는 상태가 되어 버렸습니다. 그녀의 잠재의식 수준에서 그녀는 진실로 행복해지기를 바라지 않았습니다.

나는 그런 그녀에게 한 성경 구절을 써 주면서 이 진리의 말씀에 주의를 기울이면 당신의 정신상태가 확실히 변화될 것이라고 했지요. 그녀의 믿음과 신뢰가 있었다면 건강을 회복했을 것입니다. 그러나 그녀는 내 말에 아무런 관심이 없었습니다. 다른 많은 사람들과 마찬가지로 그녀는 정신적 우울과 고통을 받아들이며 살았습니다.

불행을 선택하는 이유

많은 사람들이 그들 자신이 불행을 자초하고 있다는 것을 실감하지 못하고 불행을 선택하는 경우가 많습니다. 그 이유는 그들이 다음과 같은 생각들을 품기 때문이지요.

- *오늘은 기분이 개운하지 않아, 모든 일이 잘 안 될 것만 같아.*
- *나는 무슨 일에든 성공할 수 없어.*
- *모두가 나와 대적하고 있구나.*
- *사업이 안 좋아지고 더 나빠지고 있어.*
- *난 항상 막차만 타는구나.*
- *나에게는 행운의 통로가 없구나.*
- *나는 안 되는데 그는 해낸다.*

만약 당신이 아침부터 이런 마음가짐을 갖고 있다면 당신은 불행 쪽으로 당신의 모든 맘과 몸의 움직임을 끌어들이게 됩니다. 당신이 현재 살고 있는 세상은 당신의 마음먹기에 따라서 대체로 결정되고 있습니다.

위대한 로마의 철학자이자 성인인 Aurelius는 다음과 같이 말했습니다. "한 사람의 인생이란 그의 생각으로 만들어지는 것이다."라고. 또 19세기 미국의 저명한 철학자 Ralph Waldo는 "인간이란 하루 종일 생각하는 동물이다."라고 말했지요.

당신의 맘속에 습관적으로 품는 생각이 실제적 행동으로 옮길 수 있는 성향을 만든다는 것입니다. 부정적이고 패배의식이 깃든 불친절하고 의기소침한 생각들에 빠지지 않도록 확고한 정신을 가지십시오.

백만 불이 있다면

부(富)는 당신을 행복하게 하지 못합니다. 오히려 행복을 지연시킵니다. 오늘날 많은 사람들은 고급 성능 TV, 최신형 차, 고급 디자인 옷, 전원주택 등 물건을 구입함으로써 행복을 사려고 하고 있습니다. 그러나 행복은 그런 식으로 구입할 수 있는 것이 아닙니다. 행복의 왕국은 당신의 생각과 감정 속에 있습니다.

혹자는 말합니다. "시장이 되면, 큰 회사의 CEO가 되면, 신문 사회면에 사진이 크게 나면 나는 행복할 텐데…."라고. 행복이란 정신적 영적 상태인 것만은 확실합니다. 진급이나 외형적인 명예가 행복을 만들지는 않습니다. 당신의 기쁨과 행복이란 당신의 잠재의식에 자리 잡고 있는 신성한 질서와 바른 행동의 법칙을 찾아서 당신의 생활영역에 이 법칙을 잘 응용하는 데 있습니다.

행복은 정숙한 마음의 산물

수년 전 샌프란시스코(San Francisco)에서 강의가 있었을 때, 아주 불행한 표정을 짓고 비즈니스로 낙담한 한 남자가 나를 찾아왔습니다. 그는 한 회사의 총책임자였습니다. 그는 그 회사의 사장과 부사장에 대한 분노로 꽉 차 있었습니다. 자신의 생각에 대치한 그들의 반대는 회사를 거의 최악의 상태로 몰아가고 있다고 생각했습니다.

그 회사가 제조한 상품의 시장점유율이 줄어드니 회사의 수입이 자꾸 줄어들었습니다. 그는 대부분의 보너스를 주식으로 받기 때문에 주식 가격의 변동이 큰 관심의 대상이었습니다. 그런데 그가 그의 난감한 비즈니스 문제를 푼 방법은 이렇습니다. 매일 아침 먼저 그는 다음과 같이 조용히 정숙한 마음으로 확신을 했습니다.

"우리 회사의 모든 이들은 모두에게 정직하고 성실하며 협조적이고 신뢰성이 있으며 친절로 가득 차 있다. 그들은 회사의 성장·발전·번영의 연결고리에 정신적·영적으로 연결되어 있다. 나는 나의 생각·언어·행동에서 모든 나의 동료와 두 상관에게 사랑, 화목 및 친절을 베푼다.

내 회사의 사장과 부사장은 훌륭하게 그들의 일을 해낸다. 나의 잠

재의식 속의 무한한 정보가 나를 통해 모든 결정을 해낸다. 모든 우리의 사업 거래와 업체 간 관계에서 유일하고 적절한 조치가 생겨난다.
나는 일에 임하기 전 화목과 사랑과 친절의 메시지를 내보낸다. 이 화목과 화합이 이 회사 구성원의 모든 마음과 정신을 굳건히 붙들어 맨다. 나는 이제 신뢰와 신임과 믿음으로 가득 찬 새날을 향해 나아간다."

그 총책임자는 그가 확신한 것이 진실임을 느끼면서 매일 아침 세 번씩 천천히 앞서 서술한 명상을 되풀이했습니다. 두려움이나 화나는 생각이 그의 마음에 들어오면 그는 자신에게 이렇게 말했습니다. "화평과 화합과 평정이 항시 내 맘을 지배하라."라고. 그가 이런 식으로 그의 마음을 계속 다스리자 모든 해악한 생각은 사라지고 화평이 그의 맘속으로 들어왔고, 그는 그 훌륭한 수확을 거두어들인 것입니다.

그가 그의 맘을 재정리하기 시작한 2주 후에 사장과 부사장이 그를 사무실로 불러 그의 운영 방식과 새로운 건설적인 아이디어를 칭찬해 주었으며, 그를 총책임자로 둔 것이 얼마나 다행스러운지 모르겠다고 말했습니다. 그는 사람에게 있어서 행복이란 자기 속에 있다는 것을 알게 된 행복한 사람이었습니다.

마음속의 장애물

수년 전 한 친구가 길가 그루터기 옆에 있던 뱀에 놀란 말에 대한 이야기를 한 적이 있습니다. 뱀에 놀란 후 그 말은 언제나 그 그루터기 부근에 오면 뒷발질을 했습니다. 그곳의 농부는 그 그루터기를 불태워 없애 버리고 길을 평평하게 만들었습니다. 수년 뒤 그루터기가 있던 장소를 그 말이 지날 때마다 뒷발질을 했습니다. 그 말은 그루터기를 기억해 내고서 뒷발질을 한 것이었습니다.

자신의 생각이나 정신적 상상을 제외한다면, 당신의 행복에 장애물이란 아무것도 없습니다. 두려움이나 걱정거리가 당신을 다시 붙잡습니까. 두려움이란 당신의 마음속에 있는 생각일 따름입니다. 당신은 이 순간의 구덩이를 파서 성공의 신뢰, 성취감 그리고 모든 문제에 대한 승리감으로 채울 수 있습니다.

한때 잘나가던 사업이 부도난 한 사람이 있었습니다. 그는 나에게 이렇게 말했습니다. "나는 많은 실수를 했어. 그것들로부터 많은 것을 배웠어. 나는 다시 사업을 시작해서는 꼭 성공할 거야." 그는 자기 맘속의 그루터기와 대면했습니다. 그는 자신을 지탱하는 그의 내부의 힘을 믿고서 모든 두려움과 의기소침을 물리친 것입니다.

당신 자신의 내부의 힘을 믿으세요. 그러면 당신은 성공하여 행복해질 것입니다. 가장 행복한 사람이란 자기 자신 속에 최선의 것을 만들어 내고 실행하는 사람입니다. 행복과 적성은 서로 보완관계에 있습니다. 신은 당신에게 최상이고 최선입니다. 신의 사랑과 빛과 진리와 아름다움을 더욱더 표현하세요. 그러면 당신은 오늘날 세상에서 가장 행복한 사람 중의 한 사람이 될 것입니다.

잠재의식과 화합한 인간관계

당신이 이 책에서 배울 수 있는 중요한 개념은 당신의 잠재의식이란 당신이 인상받은 것은 무엇이든 충실히 재생산해 내는 기록장비라는 것입니다. 사회의 이치와 법칙에 맞게 타인과의 관계에서 조화된 형편을 만들어 내고 유지시켜 주는 데 중요한 역할을 하고 있는 것입니다.

"당신이 대우받고자 원하는 것처럼 다른 사람들은 항상 대우하라."(마 7:12) 마태복음의 이 교훈은 외적 의미와 내적 의미의 두 가지가 있습니다. 내적 의미는 의식과 잠재의식 간의 관련성을 의미합니다.

- *다른 사람들이 당신에 대해 생각해 주기를 바라는 것과 같이 다른 사람들에 대해 생각하라.*
- *다른 사람들이 당신에 대해 느껴 주기를 바라는 것과 같이 다른 사람들에 대해 느껴라.*
- *다른 사람들이 당신에 대해 행동해 주기를 바라는 것과 같이 다른 사람들에 대해 행동하라.*

예를 들면, 당신이 사무실의 어느 여인에게 겸손하고 예의 바르게 대하다가도 그녀가 당신에게 등을 돌리면 당신의 마음속에 그녀에 대한 비판과 분노가 끓어오릅니다. 그런 부정적인 생각은 당신을 매우 파괴적으로 이끕니다. 그건 독을 삼키는 것과 같습니다. 이런 부정적인 에너지는 당신의 활력, 정력, 힘, 친절 등을 빼앗아 갑니다. 이런 부정적인 생각과 감정이 무의식 속에 흘러 들어가서 당신의 인생을 어렵고 병들게 합니다.

행복한 관계를 만드는 키

"비판을 받지 아니하려거든 비판하지 말라. 너희가 비판하는 그 비판으로 너희가 비판을 받을 것이요. 너희가 헤아리는 그 헤아림으로 너희가 헤아림을 받을 것이니라."(마 7:1-2)

다른 사람과의 화합된 관계의 키는 이 구절을 철저히 연구하고 그 말이 의미한 내적인 진실을 실행하는 데 있습니다. 비판하는 것은 정신적인 선고에 이르고 당신 마음속으로 결론에 도달하는 것입니다. 당신이 다른 사람에 대해 가지는 생각은 당신 자신의 생각입니다. 당신 생각은 창의적입니다. 그래서 당신이 다른 사람에 대해서 생각하고 느끼는 것은 당신의 체험 속에서 실제로 만들어 내는 것입니다.

당신이 다른 사람에게 주는 암시는 당신 자신에게 주는 암시와 마찬

가지입니다. 다른 사람을 비판하는 것과 같이 당신도 비판을 받을 것이기 때문입니다.

다른 사람들에게 어떤 표준이나 기준을 적용할 때, 당신의 잠재의식 속에 그 표준과 기준을 만들어 내어 그것들을 당신에게 적용하는 것입니다. 당신이 이 법칙을 알고 잠재의식이 작동하는 방식을 이해한다면, 당신은 다른 사람에 대해 올바로 생각하고 느끼고 행동하는 데 주의하게 됩니다. 왜냐하면 그렇게 함으로써 당신은 당신 자신에 대한 올바른 행동·느낌·생각의 상황을 만들어 낼 수 있기 때문입니다.

만약 어떤 한 사람이 다른 사람을 기만하고 속인다면, 그는 자기 자신을 실제로 기만하고 속이고 있는 것입니다. 그의 죄의식이나 손실에서 오는 기분에 대한 느낌의 상태로 끌어들이게 됩니다. 그의 잠재의식이 정신적 행동을 기록하고 정신적 동기와 의도에 따라 반응하게 됩니다.

당신의 무의식은 변함없이 지속적이며 개인을 고려하거나 종교적 제휴나 어떤 사회제도를 고려하지 않습니다. 동정심이 있거나 복수심이 있는 것도 아닙니다. 당신이 다른 사람에 대해 생각하고 느끼고 행동하는 방식은 결국 당신 자신에게로 돌아옵니다.

이제 스스로를 관찰해 봅시다. 사람들에 대한, 현 여건에 대한, 또 환경에 대한 당신의 반응을 관찰해 보세요. 차후 살펴보기 위해 노트에 그런 것들을 적어 보세요. 그날의 사건과 뉴스에 당신은 어떻게 반응했나요? 뉴스가 당신을 시끄럽게 했다면 당신의 부정적인 감정이 화평과 화합을 당신에게서 빼앗았기 때문에 당신은 아주 나쁜 상태에 있게 됩니다.

한 부인이 자기 남편과 함께 도움을 요청하는 편지를 나에게 보냈습니다. 그는 신문에 실린 어떤 칼럼을 읽을 때마다 화를 냈다고 그녀는 말했습니다. 그의 이런 분노와 억제된 화는 그의 고혈압에 몹시 부정적인 영향을 끼쳤다고 그녀는 부언했습니다. 그의 의사는 정서적인 관리를 위해 그의 스트레스를 줄이는 방법을 찾아야 한다고 말했습니다.

나는 이 사람을 만나 보기로 했습니다. 나는 그의 마음이 작용하는 방법에 대해 설명했습니다. 그는 신문기사 정도에 화낼 만큼 정서적으로 미숙하다는 것을 스스로도 알고 있었습니다. 그러나 그 화가 자신의 마음과 몸에 주는 해독을 알지 못했습니다.

만약 그가 정치적으로 종교적으로 또는 어떤 방식에 대해 그의 의견과 불일치한다 하더라도 자신을 표현할 자유를 그 칼럼니스트에게 줘야 한다는 것을 깨닫기 시작했습니다. 같은 식으로 그 칼럼니스트는 자기가 발표한 의견에 불찬성하는 서신을 신문에 게재할 자유를 그에게 줘야 합니다. 그는 불찬성의 대상이 되지 않고도 불찬성할 수 있다는 것을 배웠습니다.

그는 어떤 다른 사람의 말이나 행동이 그에게 영향을 주지 않는다는 단순한 사실을 깨달았습니다. 그가 말하고 행동한 것에 대한 그 자신의 반응이 문제가 되는 것입니다. 이런 설명이 이 사람의 치료에 도움을 주었습니다. 약간의 실행으로 그는 아침에 느끼는 짜증을 극복할 수 있었습니다.

이후 그의 아내가 나에게 들려준 바로는 그가 그 칼럼니스트가 말한 것에 대해 웃음을 터트리곤 한다고 했습니다. 그는 그렇게 강하게 반응한 자신에 대해 웃기도 했습니다. 그 신문은 더 이상 그를 소란하게 하고 괴롭게 하고 화나게 하는 힘을 가지지 못했습니다. 그의 고혈압은 그의 감정을 균형 있고 평온하게 유지함으로써 더욱 통제할 수 있었습니다.

나는 여자들은 싫고 남자들은 좋다

Cynthia는 모 대기업의 수석비서였습니다. 그는 자기가 사무실에 있는 어떤 여인들에게 몹시 불쾌감을 느끼고 있다고 나에게 상담을 해 왔습니다. 그들이 가십거리를 만들어 내고 있으며 자신에 대해 나쁜 소문을 퍼트리고 있다고 그녀는 믿었던 것입니다.

내가 질문했을 때, 그녀는 다른 여성들과의 관계에서 많은 문제를 갖고 있음을 인정했습니다. 그녀는 "여자들은 싫고 남자들은 좋아요."라고 말했습니다. 나는 그녀와 계속 말하면서 그녀가 감독하는 사람들에게 아주 거만하고 명령적이며 화내는 목소리로 말한다는 것을 알아냈습니다. 그녀의 말하는 방식에 어떤 거만함이 있었습니다. 그리고 그녀 목소리의 톤이 어떤 사람들을 불쾌하게 한다는 것을 알 수 있었습니다. 그런데 그녀는 이것을 깨닫지 못하고 있었습니다.

동료 직원들이 그녀를 곤란한 일로 골리는 것을 즐기고 있다는 것이 주요한 점이었습니다. 당신의 사무실이나 공장에 있는 모든 사람들이 당신을 괴롭힌다면, 이 괴롭힘이 당신으로부터 나오는 어떤 잠재적 패턴이나 정신적 투영 때문이지 않겠습니까. 만약 당신이 개를 싫어하거나 두려워한다면 그 개가 사납게 반응한다는 것을 압니다. 동물이 당신의 잠재의식에 반응을 일으켜 행동하는 것입니다. 인간도 개나 고양이, 기타 동물과 마찬가지로 이렇게 민감하다고 말하는 것이 지나친 말일까요.

여성들을 싫어한다는 이 여성에게 나는 기도의 과정을 제시했습니다. 그녀가 자신을 영적 가치를 가진 존재로 인지하고 인생의 진리를 확신하기 시작했을 적에 여성에 대한 증오심은 사라질 것이라고 나는 설명했습니다. 그녀는 우리의 감정이 말이나 행동을 비롯하여 기타 우리의 모든 생활 측면에서 나타난다는 것을 알고는 깜짝 놀라워했습니다.

우리의 상담 결과, Cynthia는 그녀의 전형적인 화나는 방식으로 행동하는 것을 그만두었습니다. 그녀는 규칙적이고 체계적으로 사무실에서 실행하는 기도의 패턴을 만들었습니다. 이것이 그녀가 성공적으로 만들어 낸 기도입니다.

> *"나는 사랑스럽고 조용히 평화롭게 생각하고 말하고 행동한다. 나는 나를 비평하고 가십거리로 일삼는 사람들에게 사랑·평화·인내·친절을 지금 베푼다. 나는 모든 이에게 평화, 화합 및 친절의 닻을 내린다."*

참고문헌

- Adams, Paul (1967, 1978). The New Self Hypnosis, Los Angeles, Wilshire Book Company.

- Alman, Brian & Peter Lambrou (1983, 1992). Self hypnosis, New York, Brunner Mazel.

- Arons, Harry (1967). Handbook of self hypnosis, Irvington, NJ, Power Publishers.

- Arons, Harry (1969, 1978). Prize winning Methods of Hypnosis, Irvington, NJ, Power publishers.

- Arons, Harry (1953). Techniques of speed Hypnosis, S. Orange, NJ, Theo Gaus.

- Arons, Harry (1948, 1955, 1961). The New Master course in Hypnosis, Irvington, NJ, Power Publishers.

- Atkinson, William Walker (1912, 1940). Memory Culture, Chicago, IL, Psychic Research Co. (Reprinted by Kessinger Publishing Co., Kila, MT 1998).

- Bernheim, H. (1889, 1947). Suggestive Therapeutics, London, London Book Company.

- Binet, Alfred & Charles Fere (1887). Animal Magnetism, London, Legan, paul, Trench & Co.

- Binet, Alfred (1890). On Double Consciousness, Chicago, IL, The Open Court Publishing Co.

- Birns, H.D. (1968). Hypnosis: Unleash Power of Your Mind Without Drugs, New York, Award Books.

- Block, Ed & F.A. Mesmer (1980). Mesmerism, Los Angeles, William Kauffman.

- Bodie, Walford (1905). The bodie Book of Hypnotism, Electricity, Mental Suggestion, Magnetic Touch, Clairvoyance, Telepathy, London, The Claxton Press.

- Braid, James (1843). Braid on Hypnotism (Neurypnology), New York, Julian Press.

- De Duboir, Georges (1922). Mysteries of Hypnosis, London, William Rider & son.

- De Laurence, L.W. (1902). Practical lessons in Hypnotism and Magnetism, Chicago, IL, The De Laurence Co.

- Deleuze, J. P. F. (1816). 'A Critical History of Animal Magnetism,'#1 Issue of the magnetizer's Magazine, July 1816.

- Deleuze, J. P. F. (1843, 1879, 1890). Report of the Experiments on Animal Magnetism, New York, Fowler & Welles Co.

- Dods, John Bovee (1886). The Philosophy of Mesmerism, and Electrical Psychology, London, James Burns.

- Dresser, Annetta Gertrude (1895). The Philosophy of P.P. Quimby, Los Angeles, Devorss & Co.

- Dumont, Theron Q. (1914). The Advanced course in Personal Magnetism, London, L.N. Fowler.

- Haley, Jay (1985). Conversations with Milton H. Erickson, New York, Triangle Press

- Haley, Jay (1986). The Power Tactics of Jesus Christ, New York, Triangle Press

- Hall, Manly Palmer (1939, 1948). Hypnotism, Los Angeles, CA, Philosophical Research Society.

• Hamblin, Henry Thomas (1921). Dynamic Thought, Chicago, IL, Yogi Publication Society.

• Harris, Errol E. (1965). The Foundations of Metaphysics in Science, New York, Humanities Press.

• Hart, Ernest (1896). Hypnotism, Mesmerism and Witchcraft, Toronto, Coles Reprint.

• Haven, Joseph (1857). Mental Philosophy, New York, Sheldon & Co.

• Kahn, Samuel (1945). Suggestion and Hypnotism Made Practical, Boston, Meador Publishing Co.

• Kaplan, Fred (1982). John Ellitson on Mesmerism, New York, DaCapo Press.

• Kappas, John (1984). Improve Your Sex Life Through Self-Hypnosis, Van Nuys, CA, Panorama Publishing Co.

• Kappas, John (1975,1987). Professional Hypnotism Manual, Engelwood Cliffs, NJ, Prentice Hall.

• Kelly, Sean & Reid Kelly (1985). Hypnosis: Understanding How It Can Work for You, Reading, MA, Addison Wesley.

• Kingsbury, George (1891, 1959). The Practice of Hypnotic Suggestion, Hollywood, CA, Wilshire Press.

• Kingsland, William (1924). Rational Mysticism, London, George Allen & Unwin, Ltd.

• Kline, Milton V. (1958). Freud and Hypnosis, New York, Julian Press.

• Klippstein, Hildegard (1991.) Ericksonian Hypnotherapeutic Group Inductions, New York, Brunner Mazel.

• Korth, Leslie O. (1958). Curative Hypnosis, London, Thorsons.

- Krasner, A.M. (1990). The Wizard Within, Irvine, CA, ABH Press.
- Krebs, Stanley L. (1906). The Fundamental Principles of Hypnosis (Originally The Law of Suggestion), New York, Julian Press.
- Marcuse, F. L. (1959). Hypnosis: Fact and Fiction, Baltimore, MD, Penguin Books.
- Marks, Robert W. (1947). The Story of Hypnotism, New York, Prentice Hall.
- Maynard, James (1989). Transpersonal Hypnotherapy, Seattle, WA, Transpersonal Press.
- McGill, Ormond (1979). Hypnotism and Mysticism of India, Los Angeles, Westwood Publishing Co.
- McGill, Ormond (1977). Professional Stage Hypnotism, Glenn-dale, CA, Westwood Publishing Co.
- McGill, Ormond (1975). The Art of Stage Hypnotism, Alhambra, CA, Borden Publishing.
- Merloo, Joost (1956). Mental Seduction and Menticide, London, Jonathan Cape.
- Moine, Donald 8: Kenneth Lloyd (1990). Unlimited Selling Power, Engelwood Cliffs, NJ, Prentice Hall.
- Moll, Albert (1890). Hypnotism (2 vols), New York, Scribner & Welford (Reprinted by De Capo Press International, 1982).
- Moore, George Foot (1914). Metem-Psychosis, Cambridge, Mass., Harvard University Press.
- Munro, Henry (1907). A Handbook of Suggestive Therapeutics, Applied Hypnotism, Psychic Science, St. Louis, CV. Mosby Publishing Co.

- Sturt, Mary (1925). The Psychology of Time, London, Kegan, Paul, Trench, Trubner & Co.

- Tebbetts, Charles (1988). Self Hypnosis & Other Mind-Expanding Techniques, Rocklin, CA, Prima Publishing.

- Teitelbaum, Hyram (1965). Hypnosis Induction Techniques, Springfield, IL, Charles C. Thomas.

- Teste, Alphonse (1843). A practical Manual of Animal Magnetism, London, H. Balliere.

- Townshend, Chauncy Hare (1854). Mesmerism Proved Ture, London, Thomas Bosworth.

- Tracey, David F. (1954). How to Use Hypnosis, (2 vols), London, Arco Publishing Co, Ltd.

- Tracey, Dabid F. (1952). Hypnosis, New York, Sterling Publishers,

- Tucke, D. Hack, 1884. Sleep Walking and Hypnotism, London, J.A. Churchill.

- Tuckey, Lloyd (1889, 1892). Psycho-Therapeutics or Treatment by Hypnotism and Suggestion, New York, G.P.Puttnam's Sons; London, Bailliere, Tindall & Cox.

- Van Pelt, S.J. (1950). Hypnotism and The Power Within, New York, Skeffington & Son Ltd.

- Van Pelt, S.J. (1958). Secrets of Hypnotism, London, Neville Spearman.

- Van Pelt, S.J., G. Ambrose & G. Newbold (1957). Medical Hypnosis Handbook, Hollywood, CA, Wilshire Press.

- Zeig, Jeffrey (1980). A Teaching Seminar with Milton H. Erickson, New York, Brunner Mazel.

• Zeig, Jeffrey & S. Lankton eds. (1988). Developing Ericksonian Therapy, New York, Brunner Mazel.

• Zeig, Jeffrey (1985). Experiencing Erickson, New York, Brunner Mazel.

• Zweig, Stefan (1932, 1962). Mental Healers, New York, Viking Press.